C La Iglesia Creativa

taylor.barriger
con ROCÍO.CORSON

e625.com

LA IGLESIA CREATIVA
e625 - 2021
Dallas, Texas
e625 ©2021 por Taylor Barriger

Editado por: **Marcelo Mataloni**

Diseño de portada e interior: **JuanShimabukuroDesign @juanshima**

ISBN: 978-1-946707-39-0

IMPRESO EN ESTADOS UNIDOS

A Chana.

Este libro lo dedico a ti, mi amor.
Gracias por ser mi cómplice y mi aliada incondicional...
Gracias por ser mi hogar y mi lugar más seguro...
Gracias por ser mi constante y mi mejor amiga...
Gracias por ser mi amor y mi por siempre...
Gracias por ser mi todo y mi nada más...
Gracias por ser mi chica.
¡Te amo tanto baby!

Reconocimientos

Iglesia Camino de Vida

Fuera de ti no tendría la más remota capacidad de escribir este libro. Aquí me ubiqué, me desarrollé y aprendí absolutamente todo. ¡Amo esta casa! Cuán agradecido estoy de poder caminar hacia el cielo con todos quienes también la llaman su iglesia.

Equipo Creativo de Camino de Vida

¡Gracias por tanto! Gracias por atreverse a descubrir y fallar, por estar dispuestos a reinventar y aprender, por dejarlo todo en la cancha sin temor a intentarlo vez tras vez. No dejo de maravillarme de la capacidad e incansable esmero que tienen por la causa. Realmente, no hay mejor grupo de gente con quienes quisiera construir la iglesia.

Víctor Alpaca

Gracias por ayudarme a plasmar cada intención y palabra. Gracias por la buena onda cuando decidí volver a escribir el libro de cero. Gracias por alentarme y animarme durante cada capítulo. Gracias por correr conmigo como locos para terminarlo todo. Sin ti no creo que hubiera podido terminar este libro. ¡Te aprecio mucho Víctor!

Robert y Karyn... mis padres

No hay palabras suficientes para describir lo agradecido que estoy con ustedes. Nunca dejaron de alentarme ni se dieron por vencidos conmigo. Siempre me dieron oportunidad para aprender y un lugar seguro donde fracasar. En todo tiempo me han dado apoyo incondicional pero también espacio para crecer. Pero más que nada, sus vidas de integridad y constancia me mostraron la manera en que se debe vivir esta vida. Gracias y más gracias. ¡Los amo muchísimo!

contenido

sección 01 ¿Dónde empieza la iglesia a ser creativa?

sección 02 ¿Por qué la iglesia debe ser creativa?

sección 03 ¿Qué es lo que hace una iglesia creativa?

sección 04 ¿Cuándo la iglesia se vuelve creativa?

sección 05 ¿Dónde están los creativos de la iglesia?

APÉNDICE por Rocío Corson

PRÓLOGO

Este es un libro escrito desde la humildad y la propuesta. Taylor no lo escribe como quien se las sabe todas ni lo hace desde el estrado de la protesta. Algunas de sus ideas serán disruptivas con el statu quo pero en sus páginas se deja ver el corazón de quien no quiere ofender, desmerecer o reducir a nadie sino el de quien desea con pasión agregar valor y ver avanzar a cada iglesia local.

La creatividad no es un tema periférico para la Iglesia. No es patrimonio de los cool, los jóvenes, los genios o los rebeldes. La creatividad está arraigada en las sagradas escrituras desde el Génesis en el instante en que Dios le encarga a Adán ponerles nombre a los animales (Génesis 2:19-20) y es un tema misional que se entrelaza con cada tarea que llevamos a cabo los cristianos para hacer avanzar el Reino de Dios en la tierra. En otras palabras, sin creatividad es imposible ser obedientes a lo que Jesús puso en nuestras manos para hacer. La creatividad es crucial para la contextualización fiel y eficaz del mensaje, y digo fiel y eficaz y no solo la contextualización del mensaje, porque no soy de los que creen que existen las iglesias y el evangelio no contextualizado. Tanto las iglesias como el evangelio están siempre contextualizados. Lo que no sucede tan seguido como debiera es que estén contextualizados en el tiempo y lugar correctos porque muchas veces lo están con retraso y con un problema geográfico. Es decir, hacemos las cosas solamente como las heredamos de nuestros antepasados o las hacemos copiando lo que sucede en otro lugar geográfico que tiene otra cultura, otras posibilidades y otras necesidades.

Cuando la Iglesia deja de ser creativa es porque de alguna manera ha dejado de creer ya que crear y creer se besan continuamente. No me refiero a dejar de creer lo esencial del evangelio pero sí a dejar de creer que es posible cambiar, crecer, mejorar y multiplicar los logros. No desarrollar la creatividad es estancamiento y el estancamiento es falta de fe y por eso me entusiasma contar con este libro ya que además de darte ideas, aumentará tu fe.

Al terminar lo escrito por Taylor hay un apéndice de Rocio Corson justamente porque la creatividad es siempre colaborativa y no termina con las ideas de una sola persona. Tanto Taylor como Rocío no son personas que solo hablan de la creatividad sino que lideran iglesias que la practican y por eso estas páginas están llenas de experiencias.

Gracias Rocío por tu aporte en este libro y muchas gracias Taylor por investigar y escribir el grueso de estas páginas desde la experiencia y, sobre todo, por ser alguien que con perseverancia y el corazón correcto, estás siempre intentando seguir contextualizando a la Iglesia en el ya.

Dr. Lucas Leys
Fundador de e625.com

tres
expectativas acerca de este libro

3

primera expectativa

Este no será un libro crítico. Eso fue lo primero que saltó en mi mente cuando empecé a imaginar y escribir ideas de lo que podría ser este libro, *La Iglesia Creativa*. Confieso que al inicio no me sentía capaz de escribirlo. Todavía recuerdo el día en que me lo propusieron. Las palabras precisas de quien me desafío a hacerlo fueron: «Taylor, creo que en ti hay un libro por escribirse sobre la iglesia y la creatividad, ¿qué sientes sobre ello?», y mi respuesta inicial fue: «Absolutamente no. No hay forma. No tengo tiempo, no sé si pueda escribir un libro así; aún me falta mucho por aprender así que no creo que sea el tiempo, así que gracias, pero no».

Unas horas después, una sensación empezó a invadirme. Recuerdo que estaba sentado esperando mi turno en la silla del barbero cuando sentí algo que me hincaba en mi espíritu preguntándome: «¿Y por qué no?». Yo ya había dicho mis razones pero esta pregunta interior me hizo sentir que habían sido solamente excusas así que empecé a considerarlo. Allí mismo saqué mi teléfono y empecé a escribir diferentes ideas y se me hizo clara la primera convicción que tuve del proyecto y fue que si lo hacía no sería un libro para hacer quedar mal a nadie.

En "Camino de Vida," la iglesia de la que tengo el privilegio de ser parte junto a mi familia, continuamente trato de recordarles a todos que no somos tan buenos como quizás algunos piensan, ni tan avanzados ni expertos. Solo somos un grupo de apasionados que simplemente le damos con ganas e interés por los detalles a todo lo que hacemos, y a través del tiempo Dios ha sido bueno y fiel con nosotros. De algo estamos seguros y es de que aún nos falta mucho, mucho por aprender y mi primera expectativa con este libro es transmitirte eso claramente.

Entonces este no será un libro crítico, y mucho menos es un libro definitivo porque hay mucho por seguir aprendiendo aunque ahora sí estoy seguro de que lo que vas a leer va a ayudarte. Mi oración es que este libro te seduzca al dialogo y a la búsqueda consciente del desarrollo de la creatividad. Mi deseo es que los pastores, líderes y todos los miembros del equipo de servicio de una iglesia que lo lean encuentren un hilo de conversación para descubrir lo que Dios tiene para sus iglesias, vidas y llamados.

Me impactó la primera vez que escuché al pastor Brian Houston (de la iglesia Hillsong Australia) decir esto: «Prefiero ser un artista que un crítico del arte; prefiero ser un cineasta que un crítico de cine; prefiero ser un músico que un crítico de música; prefiero ser un hacedor de la iglesia que un crítico de ella» y esta frase resume el espíritu de este libro. Su propósito es edificar. Construir y no derribar; aunque a veces nos invite a repensar y comenzar de nuevo.

El siguiente pasaje de la Biblia se ha vuelto uno de mis favoritos:

Tengo muchos deseos de verlos para compartir con ustedes algún don espiritual que los ayude a crecer fuertes en el Señor. Con esto quiero decirles que no sólo deseo comunicarles mi fe, sino también alentarme yo mismo con la de ustedes. Así nos seremos de mutua bendición.

Romanos 1:11-12

En estas palabras el apóstol Pablo da un indicio de lo bene-ficioso que es tanto para él como para la iglesia de Roma el reunirse, porque cuando nos reunimos se produce una trans-ferencia de bendiciones: literalmente, hay una unción que pasa de unos a otros. Allí somos animados y retados, allí mis fuerzas se convierten en tus fuerzas, y eso es lo que espero que suceda con estas páginas.

segunda expectativa

Este tampoco será un libro exclusivamente acerca del *cómo*, y sé que lo que más deseamos es saber cómo hacer las cosas, pero el *cómo* tiene muchas variables detrás y por eso no po-demos abordar los cómo de manera superficial. Hacerlo sería garantía de frustración. Equivaldría a mirar a Messi y tratar de hacer exactamente lo mismo sin descifrar lo que hay de-trás de que haya podido resolver tantas jugadas imposibles que terminaron en goles de colección: ¿cómo ha hecho para ganar trofeos y batir récords cada año? Quiero resolver el misterio y aprender *cómo lo hace*, o *cómo* es que Ronaldo ha hecho también para jugar de esa manera tan excepcional; pero no basta con solo mirar lo que hacen en un juego im-portante e intentar imitarlos

Si solo tratamos de imitar el *cómo* de alguien siempre va-mos a quedar limitados y frustrados y posiblemente nos robe el *cómo* que cada uno de nosotros debemos descubrir y desarrollar.

Recuerda a David y su enfrentamiento con Goliat. La verdad es que no sé de qué manera David convenció al rey Saúl para que lo dejara pelear contra ese gigante y solo de eso ya po-demos sacar conclusiones. Pero pon tu atención en que Saúl

15

trató de prestarle su armadura. Eso equivalía a imponerle su *cómo* a David y Samuel se encarga de contarnos que David primero trató de hacerlo pero luego desistió. David decidió salir con su propia habilidad y forma de hacer las cosas y así procedió: tomó unas piedras, corrió directo hacia Goliat y con su *cómo* aprendido con leones y osos (su honda en la mano) pudo derrotarlo.

Me encanta la enseñanza que aprendimos en Camino de Vida del Dr. Edwin Louis Cole, reconocido como el padre del movimiento de hombres cristianos en el mundo. Él hablaba acerca de *patrones* y *principios*. Un *patrón* es algo que es reproducible, algo que puede repetirse y que siempre está basado en un *principio*; por ejemplo, si yo digo *2, 4, 6,* es obvio que el número que sigue es 8, y si digo *5, 10, 15,* es obvio que el número que continúa es 20, y esto se debe a que hemos establecido un *patrón* basado en un *principio* matemático. Cuando tú y yo entendemos el principio de algo podemos avanzar con mayor éxito, pues es más fácil cuando tenemos un patrón y un principio.

Pienso en el libro que escribió mi padre, *La Iglesia Relevante*, donde una de las cosas que más me gustó es que empujó y desafió a muchas mentes de distintas ciudades y países con diferentes trasfondos a cambiar su manera de pensar, y a considerar las cosas en una manera nueva y diferente. Pero algo que me resultó frustrante fue notar que algunos líderes al leer el libro corrieron tras algunos *cómo* que mi padre mencionó pero sin entenderlos. Por ejemplo, me resultó curioso saber de iglesias que pintaron su edificio de color negro solo porque lo leyeron al pasar en el libro, pero sin saber el objetivo que se buscaba resolver y que no era el de tener paredes negras para estar a la moda, sino eliminar la mayor cantidad de distracciones que pudieran suceder dentro de un servicio para que todo apuntara a que la Palabra de Dios hiciera la obra.

Así que mi segunda expectativa con este libro no es que copies mis "cómos" sino que puedas repensar lo que haces para encontrar los tuyos.

Cuando llegó el COVID-19 y cambió completamente nuestro estilo de vida, durante la primera semana de la pandemia mi padre dijo a la iglesia una verdad tan grande que finalmente quedó como un emblema en Camino de Vida: *Lo que antes era relevante, hoy en día ya no lo es* (aunque solo había pasado una semana). Todas nuestras liturgias y formas cambiaron, y nuestro trabajo fue tratar de encontrar *cómo* hacerlo para que la iglesia siguiera siendo relevante, porque ella no es solamente un lugar donde la gente se reúne, sino que es un organismo vivo, es la novia de Cristo, y algo como el COVID-19 no iba a detenernos sino que iba a hacernos más creativos.

Tercera expectativa

Ahora que ya sabes que este no es un libro para acusar a otros y que no se trata acerca de *"cómos sin porqués"*, te exhibo que mi mayor expectativa es *levantar a la Iglesia de Cristo comenzando por tu iglesia local.*

¡Cuánto amo a la Iglesia! Creo que la Iglesia es la esperanza del mundo; somos la novia de Cristo Jesús, y aunque todavía no somos esa novia sin mancha ni arruga y nos falta mucho por mejorar (debemos aceptar que no somos iglesias perfectas), seguiremos tratando de embellecerla. Yo quiero ser parte de esto, quiero levantar aquello que Jesús está levantando y quiero construir aquello que Jesús está construyendo, y por eso este libro está dirigido a los pastores y creativos en la iglesia. Es curioso que cuando algunos me preguntan cuál es la descripción de mi trabajo mi respuesta podría sonar imprecisa para algunos, aunque para mí está muy claro: yo sé que existo para levantar la iglesia, y en lo que a mí respecta, mi trabajo es servir y levantar la voz de mis pastores, que en mi caso son mis padres.

Yo no vine a Camino de Vida porque me ofrecieran una buena carrera; es más, cuando llegué no sabía que iba a ser pastor, ni siquiera sabía qué es lo que tenía que hacer o cuál sería mi parte en la iglesia, pero sí sabía que podía ayudar a mis pastores, mis padres, para que su voz fuera escuchada de una mejor manera. Así como cuando un parlante magnifica la voz de un orador, yo deseaba magnificar la voz de mis pastores, y cuando entendí eso, mucho de lo que terminé haciendo en Camino de Vida fue parte de un plan que Dios ya tenía para mí, por lo que todo encajó y encontré mi lugar en la iglesia. Allí fue donde descubrí que el creativo existe para impulsar la voz de sus pastores, que no está para levantar su propio nombre y ser una estrella en la iglesia. *El rol del creativo es escuchar la voz y el corazón de sus pastores y transmitirlo de la mejor manera posible al cuerpo de Cristo.*

Esto me hace recordar la historia de Lot y de su tío Abraham: mientras los dos estuvieron juntos prosperaron de maneras magníficas, tanto que el campo no era suficiente para todo el ganado que tenían y no había espacio para que ambos pudieran convivir de la mejor manera. Un día, Lot le dijo a Abraham: «He crecido tanto que los dos ya no cabemos en el mismo espacio. ¿Qué piensas sobre esto?», a lo que este respondió: «Mira, escoge adónde quieres ir». Había allí un campo verde y otro desértico, y todos sabemos el resto de la historia: Lot escogió lo verde, lo que se veía mejor a los ojos, y Abraham se fue al desierto. Y todos sabemos también cómo acabó Lot, en lo que probablemente sea una de las historias más tristes de la Biblia. Estoy seguro de que nunca pensó que al escoger el lugar verde finalmente iba a terminar tan solo y sin ninguna posesión; en cambio, Abraham fue bendecido y prosperado porque él conocía y tenía confianza en la promesa que Dios le había dado.

La lección que tenemos que aprender aquí es que Abraham representa a la Iglesia. Como Abraham, yo quiero ser parte de lo que Dios está levantando y quiero estar en el lugar donde Dios está derramando su bendición. En Mateo 16:18, Jesús dijo que él mismo construiría la iglesia y que las puertas del infierno no prevalecerían sobre ella, así que si yo estoy con la iglesia, voy a dejar todo lo que es mío para edificarla y levantarla, sabiendo que ahí es donde está la bendición.

Don Wilson, el pastor de una gran iglesia en los Estados Unidos, hace unos años se tomó un tiempo para mentorearme y nunca voy a olvidar una gran conversación que comenzó con la siguiente pregunta: «Taylor, ¿a quién admiras?» y le mencioné a dos pastores jóvenes a quienes realmente admiraba por aquellos años. «¿Conoces a alguien más que se parezca a ellos?», y la verdad era que no conocía a nadie más como ellos. «Yo tampoco conozco a nadie más como ellos. Ellos son un regalo para el cuerpo de Cristo, pero el hecho de que no haya más habla de que no se han reproducido, y al no ser reproducibles siguen siendo un regalo, pero realmente no están liderando. Todo buen líder no busca convertirse en una estrella o en una figura, sino que siempre busca ser reproducible. Mientras más reproducible eres, más grande es tu liderazgo». Eso es lo que deseo para mi vida y para mi iglesia: tratar de ser reproducibles y escalables y con eso en el corazón es que escribí estas páginas para ayudarte a llegar más lejos.

Como persona creativa tengo visiones y sueños, pero me he dado cuenta de que cada uno de ellos se cumplen cuando me entrego a la misión de la Iglesia y trabajo para multiplicarme en otros. Lo fascinante es que cuando dejé de lado mi sueño personal de tener una gran productora y agencia de publicidad y vine a trabajar a Perú con mis padres en Camino de Vida, vi que en el transcurso de los años Dios ya ha cumplido conmigo, me ha bendecido y aun ha superado todas mis expectativas. Estoy tan agradecido por eso, y creo que no es solamente mi historia sino la de toda persona que se entrega a la causa de la Iglesia, que se suma a lo que Cristo Jesús está construyendo y levantando, porque estoy seguro de que ni siquiera el infierno podrá detenerla, tal como dice la Biblia.

De esto se trata este libro: yo quiero levantar a la Iglesia, y me imagino que tú también así que te invito a que podamos hacerlo juntos. Te aseguro que Dios está con nosotros y el diálogo será muy provechoso.

Taylor

sección
01

¿Dónde empieza la iglesia a ser creativa?

CAPÍTULO 1

La materia prima

Hace varios años atrás tuve una conversación con Gabriel y Gaby Borja, unos buenos amigos míos que son pastores de una iglesia en México, y que en ese entonces estaba viviendo la transición del liderazgo de su padre hacia el de ellos. Mientras conversábamos, Gaby me hizo una pregunta: «Taylor, estamos contratando a un diseñador de otra iglesia para hacer nuestro diseño gráfico, ¿te parece bien hacer eso?». Yo les di una respuesta que creo que los sorprendió (incluso me sorprendió a mí mismo, ¡ja!), pero que sin embargo es parte del ADN de nuestra iglesia Camino de Vida. La respuesta fue: «No está mal; no es que esté correcto o incorrecto, pero creo que antes de tomar una decisión de ese tipo deberías considerar cuál es el fruto que deseas tener en tu iglesia en el futuro».

Me explicaré mejor. Por ejemplo, si deciden contratar al estudio de ese diseñador para hacer el diseño de la iglesia, seguramente obtendrán un diseño gráfico de apariencia profesional, lo cual será excelente, ya que aportará algo positivo a la imagen que desean obtener para este tiempo de transición; pero si hacen eso, probablemente se pierdan la oportunidad de encontrar a ese chico o chica de unos 11 o 12 años que hoy está en la iglesia, un adolescente que podría ser estimulado en los dones que ya posee, pero que nunca serán desarrollados si la iglesia no le ofrece espacios donde poder explotar su creatividad de diseñadores gráficos, por lo cual no tendrán cómo crecer en esta área específica.

Quizás contratar a un profesional para que desarrolle las cosas más grandes sea una buena idea, y con el dinero ahorrado tal vez se pueda comprar una computadora o un buen celular y ponerlo en las manos de ese adolescente con potencial para que desarrolle las cosas más pequeñas o menos complejas. Estoy refiriéndome a uno de 11 años, que tenga actitud y que se incline hacia lo creativo.

Estoy seguro de que ese jovencito ya existe, y que además es parte de tu iglesia y tiene todo el potencial para realizar lo que hace falta. Es muy probable que no obtengan un buen diseño gráfico de parte de él de inmediato; posiblemente sea un dolor de cabeza y no acierte en lo que ustedes quieran lograr, pero les aseguro que la inversión en ese joven de aquí a diez años (cuando él ya tenga 21) será increíble, y para ese momento habrán logrado acumular unos diez años de experiencia, por lo que ya estoy viendo en fe que en el futuro tendrán hermosos diseños e imágenes para beneficio de la iglesia. Entonces, si contrato a alguien afuera posiblemente estoy limitando la posibilidad de desarrollo de un niño que está en mi casa o en mi iglesia, y estaría de alguna manera impidiendo que él se convierta en lo que Dios desea.

Yo entiendo que es muy frustrante no estar donde quieres estar (y obviamente cuando comparas en las redes sociales lo que hacen otras iglesias sientes que estas lejos de lograr algo así). Es que las iglesias grandes, que ya están desarrolladas, tienen muchos creativos maduros que conocen bien el trabajo y que tienen años de experiencia. Cuando compruebas cuánto esfuerzo requiere empezar algo nuevo, y comparas lo que has obtenido con aquello que se logra luego de años de madurez, puedes frustrarte, y así nunca estarás satisfecho. Por experiencia propia sé que es muy frustrante no estar donde quieres estar, pero eso no puede ser un impedimento para empezar hoy.

El principio que debemos aprender aquí es que la verdadera creatividad florece donde hay una carencia: si hay falta de algo, recién entonces la creatividad va a fluir y va a brotar. Donde hay escasez, allí es donde puede florecer y dar fruto la creatividad.

> **Nuestro trabajo es buscar dentro de nuestra casa aquellas personas que son monedas perdidas**

Estoy muy agradecido de que en Camino de Vida nunca hemos tenido abundancia financiera, porque estoy seguro de que si la tuviéramos no seríamos tan creativos como iglesia. Es que cuando tienes dinero para que otros solucionen tus problemas, realmente no estás solucionándolos; simplemente, estás pagando para no tener que lidiar con ellos.

Cuando la creatividad fluye, se lucha con el problema o circunstancia para encontrarle la mejor solución, y allí te das cuenta de que el dinero nunca es una solución creativa; solo es un parche que usamos para resolver un problema que se presenta delante nuestro.

Entonces, tener escasez es muy importante; tener una carencia es importantísimo para poder ser una iglesia creativa.

Volviendo al tema del niño que Dios nos ha dado para que acompañemos en su desarrollo, recordemos la parábola de la moneda perdida que Jesús nos enseñó: él dijo que la moneda perdida está en la casa. La moneda perdida ya está dentro de nuestras iglesias; es la respuesta a nuestras peticiones de

«Dios, dame un diseñador gráfico», «Dios, dame un editor de video», «Dios, dame un líder de alabanza». La verdad es que yo creo que todas estas peticiones ya han sido respondidas, y lo más probable es que encuentres las respuestas a todas esas oraciones dentro de tu casa, dentro de tu iglesia.

Nuestro trabajo es encontrar esa moneda, como hizo la mujer de la parábola, que estaba en su hogar rebuscando en cada rincón, levantando cada mueble, moviendo todo lo que hacía falta. Literalmente, no se quedó quieta hasta encontrar aquella moneda perdida, y cuando finalmente la encontró hizo una fiesta. Pastores, líderes y creativos: nuestro trabajo es buscar dentro de nuestra casa aquellas personas que son monedas perdidas.

Al principio, quizás solo encuentres un pequeño carbón que aún no se ha convertido en el diamante que deslumbrará (el cual es fino y especial); de seguro tomará mucho trabajo, presión y tiempo para su desarrollo y crecimiento, pero si tan solo decidiéramos invertir en lo que aún no está desarrollado, en invertir y encontrar aquellas personas que están escondidas en la casa, quizás dentro de diez años tendremos lo que todo el mundo desea.

Hay una historia que mi padre siempre cuenta y que me encanta. Cuando personas vienen a Camino de Vida por primera vez siempre le dicen a mi padre: «¡Wow, pastor Robert! ¿Cómo es que tienes gente tan buena en la iglesia, pastores excelentes, líderes de niños excelentes, creativos excelentes? ¿Dónde los conseguiste?», la respuesta de mi padre siempre es la misma. «¿Los ves ahora? ¿Te gustan? Bueno, déjame decirte que no eran tan buenos cuando llegaron. Esa es la pura verdad. A lo largo del tiempo hemos desarrollado personas, nos hemos tomado el tiempo para trabajar con ellas y darles confianza, al punto de tener hoy la gente que otros desean, pero que no eran así cuando llegaron».

Esto me hace recordar a una enseñanza de T. D. Jakes, un pastor americano muy conocido. Él dice que como cristianos siempre oramos de la misma manera: «Dios, dame una mesa», «Dios, dame una silla», «Dios, dame los muebles que necesito» y «Dios, hazlo de esta manera», y luego nos quejamos porque no vemos que Dios nos responda; seguimos esperando esa mesa y esa silla, y le decimos a Dios: «¿Por qué no respondes mi oración?». Y lo que T. D. Jakes concluye es que Dios no siempre nos da el mueble que pedimos, pero siempre nos da la madera que necesitamos para construirlo.

Quizás la respuesta a nuestra oración no es un mueble terminado, sino más bien la materia prima para poder construirlo, para poder tallarlo, para poder edificar lo que tenemos en nuestra mente. Dios nos da la materia prima en abundancia para poder hacerlo. ¿Qué es entonces lo que vemos aquí? Vemos que, mientras pedimos a Dios por algo refinado, él nos da algo que podamos tallar, algo con lo que podamos trabajar, no el producto terminado.

Dicho esto, quiero volver al principio. Es frustrante no estar donde quieres, pero una iglesia creativa abunda, resurge y florece en las crisis. Así que, pastores y líderes creativos, busquemos en la casa de Dios la moneda perdida y encontremos lo que Dios *ya nos ha dado*, para que aquello que está en nuestro corazón pueda florecer.

Mientras pedimos a Dios por algo refinado,

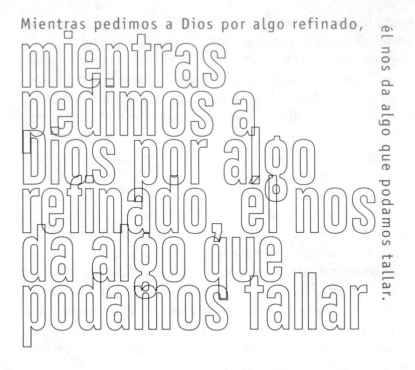

él nos da algo que podamos tallar.

CAPÍTULO 2
puertas cerradas

Hay una historia que un amigo me contó sobre Gabriel Batistuta, un futbolista argentino famosísimo, uno de mis héroes cuando era pequeño y el de toda mi generación en aquel tiempo. Como futbolista, llegó a jugar a un nivel impresionante, participó de tres Copas del Mundo y por muchos años fue el máximo goleador de su seleccionado, pero él cuenta que tuvo mucha adversidad cuando creció, porque en el grupo de chicos al que pertenecía parecía muy improbable que uno de ellos llegara a ser un futbolista profesional. Hoy en día sabemos que realmente llegó a ser uno de los mejores del mundo y de la historia, pero ahora, ya retirado y a su mediana edad, durante una entrevista, alguien le preguntó sobre sus hijos: «Gabriel, crees que tus hijos van a llegar a ser grandes futbolistas como tú lo fuiste?», y él respondió de una manera muy sobria y hasta sorprendente: «No, no creo que lleguen a ser grandes futbolistas».

Ampliando su respuesta, explico el por qué: dijo que cuando empezó su carrera tenía todas las puertas cerradas, literalmente no tenía nada, y eso fue lo que lo forzó a trabajar más intensamente que otros para poder llegar a ser un futbolista de renombre, para poder tener una actividad que pudiera generarle ingresos y una forma de ganarse la vida. «En cambio, mis hijos lo tienen todo: todas las puertas abiertas, todas las oportunidades en la mesa y, sin embargo, les falta el hambre, el deseo, la sed para perseguir sus sueños». En otras palabras, estaban demasiado satisfechos y contentos como para tener el hambre y las fuerzas para perseguir lo imposible y llegar a ser futbolistas profesionales.

Esta es una historia que resonó mucho en mi cabeza por algún tiempo, porque está muy vinculada a lo que hemos experimentado en nuestra iglesia. En Camino de Vida siempre nos hemos enfrentado a puertas cerradas o escasez, y es ahí donde quiero detenerme; creo que Dios a veces nos guía a través de la escasez, que la usa para hacernos crecer, e incluso hasta las puertas cerradas son usadas por Dios para nuestro crecimiento.

Hace muchos años que Camino de Vida tiene el deseo de comprar una propiedad, y aún no hemos logrado hacerlo. Esa ha sido una batalla muy extensa. Recuerdo que hace varios años atrás teníamos muchas ideas para comprar el Coliseo de Santiago de Surco (donde hasta ahora estamos y llevamos a cabo nuestros servicios en Lima); como iglesia tratamos y tratamos de comprar la propiedad, pero a cada intento los dueños subían el precio, y cuando ya estábamos listos para comprar volvían a subirlo, y luego otra, y otra vez más. Llegó a ser algo muy difícil, complicado y frustrante ver que esas puertas, cerradas frente a nosotros, eran imposibles de abrir.

Finalmente, un día mi padre dijo a todo el equipo: «¿Saben? Parece imposible poder comprar esta propiedad; hasta ahora no tenemos un lugar propio, pero seguiremos llevando salvación a más gente, y cuando seamos más, seguramente Dios nos dará a su tiempo el lugar que tiene pensado para nosotros». Eso nos pareció curioso; a lo que mi padre se refería era a que buscaríamos otros espacios, otros lugares para congregarnos. «Ya que hay una puerta cerrada aquí, vamos a abrir otras puertas en otros lugares». De esta forma se levantaron las sedes que tenemos, y hoy en día hemos encontrado la forma de hacer más sedes.

30

La iglesia creativa

Creo que Dios a veces nos guía a través de la escasez, que la usa para hacernos crecer.

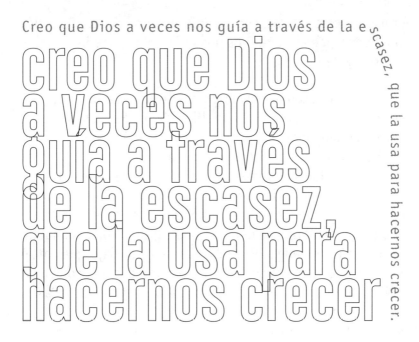

Cuando miro hacia atrás, hacia lo que hubiera sucedido si insistíamos en comprar el Coliseo de Santiago de Surco, tengo la convicción de que no hubiéramos avanzado y crecido en sedes como lo hemos hecho hasta hoy. No habríamos innovado ni sido creativos, no nos habríamos estirado y empujado hasta conocer nuestras fronteras, sino que nos hubiéramos quedado complacientes y tranquilos con lo que teníamos. Incluso creo que no seríamos la iglesia que hoy somos si hubiésemos comprado esa propiedad. Es raro decir esto, pero Dios nunca nos abrió la puerta para comprar ese terreno porque quizás en su corazón tenía el deseo de abrir sedes en otros lugares. Ahora que hemos aprendido a hacerlo, tenemos la ilusión de abrir cuarenta sedes, lo cual es muy posible en una ciudad tan grande y con tráfico tan intenso como Lima.

Hoy agradezco a Dios por esa puerta cerrada, porque eso causó que fuéramos más creativos para descubrir diferentes formas de crecer, y hoy no cambio eso por nada. ¿Por qué? Porque entendemos que Dios nos guio a través de las puertas cerradas y de la escasez.

Esto me hace recordar mucho una historia de la Biblia que se encuentra en el capítulo 16 del libro de los Hechos, la historia del segundo viaje misionero de Pablo. Tenía en su corazón predicar en Asia, pero el Espíritu Santo le dijo: «No, no es por aquí», y luego intentó dirigirse a Bitinia, pero el Espíritu Santo volvió a decirle que no. Me imagino cómo pudo haberse sentido Pablo con estas puertas cerradas, y me imagino los comentarios de la gente que estaba acompañándolo: «¿Qué estás haciendo, Pablo?». Ese era un viaje que inició con oraciones y bendición; fueron encargados y encomendados por su iglesia, y aun así encontraron puertas cerradas.

Quizás podamos pensar que Pablo no escuchó realmente la voz de Dios, o que no entendió o malinterpretó lo que Dios le había dicho, pero en verdad yo pienso totalmente diferente, porque estando Pablo en Troas fue que tuvo la visión del hombre de Macedonia, y es en ese momento donde Pablo supo «Es por aquí por donde Dios quiere guiarnos». Dios estaba llamándolo y llevándolo a Macedonia, pero ¿por qué fue que Dios no pudo mostrarle Macedonia desde el primer momento? La verdad no lo sé, pero lo que sí sé es que muchas veces queremos la respuesta del paso 3 sin haber tomado los pasos 1 y 2; a veces deseamos adelantarnos a lo que Dios quiere hacer, pero él nos guía siempre de maneras específicas para cumplir su voluntad.

Creo que tenemos que quitarnos el *chip*, tenemos que desaprender mucho; a veces pensamos que Dios siempre va a moverse de la misma forma, pero él es un Dios creativo, y sorprendentemente una puerta cerrada no es mala (incluso creo que una puerta cerrada puede llegar a convertirse en una bendición).

Hoy en día, como Camino de Vida, estamos muy agradecidos de trabajar con sedes de la manera en que lo hacemos porque esto nos da la oportunidad de tener un predicador diferente en cada sede cada domingo. Además de eso, también nos da la oportunidad de ir cultivando nuevos predicadores y hasta nuevos líderes de alabanza, lo cual contribuye a tener un equipo más robusto, más extenso y flexible, un equipo que puede lograr mucho más, porque entendimos que las puertas cerradas no eran un «ríndete»; las puertas cerradas solo nos decían «busca otra forma, busca otra puerta abierta».

Entonces cerramos este capítulo de esta manera: a veces Dios nos guía usando escasez o puertas cerradas, y una puerta cerrada no debe desanimarte sino más bien debe darte más ímpetu para seguir adelante y no detenerte nunca.

La adversidad siempre es buena; no siempre es bien recibida, pero siempre traerá crecimiento a nuestras vidas.

La
adversidad
siempre
traerá
crecimiento

CAPÍTULO 3

crecimiento
en la adversidad

Tengo dislexia. Eso es algo que hoy no me avergüenza decir, pero sí debo confesar que fue muy complicado para mí cuando era niño, porque en ese entonces nadie me la diagnosticó y mis padres no sabían que la tenía (y mucho menos yo lo sabía). Lo único que sabía era que me costaba mucho entender lo que leía y que mis ojos siempre se perdían entre las páginas que estaba leyendo, y que cada vez que debía dar exámenes en la escuela yo me esforzaba con todo mi ser en cada pregunta y esto me tomaba tiempo, tanto que cuando iba por la segunda pregunta mis compañeros ya habían terminado el examen de diez preguntas que la maestra nos daba. Usualmente siempre era el último del salón en entregar la hoja del examen. En los proyectos de lectura me costaba demasiado trabajo entender lo que leía, al punto de que tenía que revisar en mi mente cada párrafo, dos y hasta tres veces, para poderlo comprender.

Cuando pasé a la secundaria no me fue tan mal (tampoco me fue espectacular, yo diría que estaba aprendiendo a manejar mi desventaja); luego, cuando llegué a la universidad, la cosa se puso más difícil ya que tuve que confrontar mi incapacidad y luchar contra ella, lo que llegó a ser muy frustrante porque todos avanzaban mucho más rápido que yo, y lo hacían con mayor facilidad.

Recuerdo que en aquel entonces, estando por el tercer año del seminario, le escribí a mi padre diciéndole: «Papá, estoy frustrado, quiero tirar la toalla, no sé qué estoy haciendo aquí; me siento tratando de nadar como una trucha que sube por un río contra la corriente. Todos mis compañeros lo hacen con mucha más facilidad que yo, y me siento como un tonto que está estancado mientras los otros me sobrepasan». Eso era lo que yo estaba sintiendo; era un sentimiento muy real para mí. Ahora que el tiempo ha pasado y soy adulto, me doy cuenta de que mi dislexia nunca fue una debilidad; debo reconocer que siempre fue una adversidad en mi vida pero nunca fue una debilidad, e incluso aunque fue una adversidad nunca fue una desventaja.

Malcolm Gladwell escribió un impresionante libro llamado *David y Goliat*, en el cual nos habla de forma fascinante sobre la gente que tiene dislexia. Él dice que si tú pudieras desearle a tu hijo alguna deficiencia o alguna debilidad, la dislexia sería la más deseable; sé que esto suena muy raro, pero explica que las personas con dislexia, al tener dificultades para leer y captar la información, al tener que tomarse más tiempo para procesar la información, usualmente aprenden mejor. También dice que la gente con dislexia encuentra distintas formas de llegar a una misma conclusión, de llegar al mismo objetivo y de cumplir la misma tarea.

Al leer *David y Goliat* me di cuenta de que tengo dislexia, y aunque la dislexia fue una adversidad nunca fue una desventaja en sí misma. Dios no me creó de forma deficiente sino que me creó único, y además agregó su toque especial sobre mí para que pueda ver el mundo de otra manera.

La adversidad siempre es buena; no siempre es bien recibida, pero siempre traerá crecimiento a nuestras vidas. Como creyentes debemos tener certeza de esto, porque en la Biblia vemos que Dios nunca va a permitir que pasemos por algo que pueda aplastarnos, sino que él promete cuidarnos en todo tiempo y convertir todo lo malo que pueda venir en algo que sea para nuestro bien y para su gloria.

Esto me recuerda a la historia de la iglesia primitiva. Como ustedes ya saben, para ese tiempo Jesús ya había muerto y resucitado, ya había pasado tiempo con los discípulos y les había prometido que a su partida pronto les enviaría un «Consolador»; luego de ascender a los cielos, llegaría la promesa, y los ciento veinte que estaban en el aposento alto recibieron el gran regalo del Espíritu Santo. Inmediatamente después, Pedro sale y da ese gran y memorable discurso que podemos leer en Hechos 2:14-41: ese mensaje fue el primero de un súper avivamiento, algo impresionante que empezó a gestarse y que fue el inicio de lo que Jesús estaba edificando: su iglesia.

Si prestamos atención a los acontecimientos de ese tiempo, esta nueva iglesia recién fundada y que se estaba iniciando, la novia de Cristo, empieza a sufrir una feroz persecución en la que, literalmente, creyentes en todas partes estaban siendo perseguidos y asesinados, las familias estaban siendo separadas y el dolor y la muerte se respiraban entre los creyentes. En ese momento, uno se preguntaría: «¿Dios, por qué permites esto? ¿Por qué permites tanta adversidad para la novia de Cristo? ¿Por qué permites que esto ocurra?». Para ser realista, yo no puedo explicar todas las intenciones de Dios, por qué él permitió todo esto, pero sí estoy seguro de que nunca permitiría alguna cosa que no pudiera soportar.

Cuando vemos la iglesia primitiva en el libro de los Hechos me fascina ver que, aun en medio de la persecución, la iglesia floreció, y en Hechos 8:4 dice que los creyentes que estaban siendo esparcidos predicaron las buenas nuevas en todo lugar por donde fueron; además, el libro de Hebreos dice que, gracias a que todo esto ocurrió, se inició el mover de Dios más grande hasta la fecha.

Ahora, veo que la iglesia primitiva que estaba en Jerusalén se quedó satisfecha previo a la persecución, ¿por qué? Porque tenían el *chip* de ir todos a Jerusalén porque era como el lugar prometido, el lugar al cual todos deseaban ir. Era como si sobre las puertas de Jerusalén hubiese un gran letrero que dijera «Bienvenido a casa; ven tal como eres», similar a los que hoy tenemos en las puertas de nuestras Iglesias.

Ese era el espíritu que fluía en ese entonces, y las personas de toda nación y de todo lugar confluían en Jerusalén; sin embargo, el gran y último mandato de Jesús, la gran comisión que dejó a sus discípulos, no fue «Vayan todos a Jerusalén y hagan discípulos allí» sino que fue el de ir a Judea, a Samaria y a los confines de la tierra. Pero por ese entonces la iglesia, la nueva y naciente iglesia de Dios, la novia de Cristo, se quedó con temor y paralizada en Jerusalén.

Yo creo que Dios permitió todo esto para esparcir a los creyentes por todo lugar, para cumplir su voluntad en nosotros. Ahora bien, hay algo curioso y fascinante que sucedió a través de la persecución: en medio de todos estos sucesos, en algún lugar y momento comienza a aparecer en las paredes un símbolo que hasta el día de hoy podemos ver en forma de *stickers* en muchos autos. Me refiero a la simple y sencilla figura de un pez, sobre el cual se escribía la palabra *Ichtus*, un acrónimo en griego que significa *Jesucristo, hijo de Dios, Salvador*.

Aquí puedo ver a los primeros creativos de la iglesia primitiva usando diseño gráfico de una manera tan sencilla, perfecta e increíble, y es fascinante saber que ese símbolo ha permanecido por más de dos mil años.

Dicen que la forma en que los cristianos de la iglesia primitiva se reconocían entre sí era cuando uno de ellos dibujaba un arco sobre la tierra con su pie, y que si la otra persona completaba la figura del pez entonces ambos eran seguidores de Jesús; de esta manera, podían continuar esparciendo el mensaje de Cristo sin preocupaciones. Esta era una práctica común debido a la persecución de esos tiempos, y si alguien no replicaba el segundo arco para completar el pez, sabían que aquella persona no era amistosa y que quizás no era una buena idea seguir conversando.

La adversidad es difícil de enfrentar, pero la adversidad no es una desventaja; creo con todo mi corazón que la adversidad provoca que saquemos todo lo mejor de nosotros. Incluso podría concluir con una declaración en este momento y podría decir que la adversidad nos hace más creativos.

> Creo con todo mi corazón que la adversidad provoca que saquemos todo lo mejor de nosotros

Entonces tú, pastor o creativo que estás leyendo este libro, toma esta adversidad como una gran oportunidad, como si Dios mismo estuviera empujándote; descifra y resuelve el problema que estás enfrentando para salir de esa situación y trata de descubrir en Dios lo que él quiere mostrarte. Pregúntale a Dios, porque quizás él está tratando de mostrarte esa ventaja que necesitas para vencer a tu enemigo.

Vemos que la iglesia primitiva, aunque fue perseguida, tomó esa adversidad como una ventaja para que el evangelio siguiera siendo esparcido. Iglesia, pasamos por adversidad, sí, pero quizás esa solo sea una invitación de Dios para darnos esa gran ventaja que necesitamos.

40

CAPÍTULO 4

Lo que
Dios te dio

Por muchos años en Camino de Vida realizamos un evento llamado *Corazón*, una conferencia magnífica, grande e
importante de la que recuerdo que cada año traíamos ora-
dores internacionales, y también venían pastores de todo el
interior del país y del extranjero. Era una conferencia hermosa, pero también muy estresante.

No sé por qué, pero en ese tiempo siempre tratábamos de
hacer más de lo que podíamos con nuestras capacidades.
Por ejemplo, un año nos largamos a hacer la conferencia en
el Estadio Nacional del Perú (por si no conoces el Estadio
Nacional de Lima, este fue construido y pensado para jugar fútbol y no posee mayor infraestructura que los palcos
del estadio, por lo que allí no encontrarás salones para reuniones fuera de la cancha misma), y como era costumbre
durante la conferencia ofrecíamos al menos cuatro talleres
de forma simultánea durante el día, antes de que llegara la
reunión principal de la noche.

En fin, hicimos varios experimentos para sacar adelante la
conferencia aquel año. Una de las ideas que tuvieron los
ingenieros fue la de entregar pequeñas radios de bolsillo a
cada participante para que estos pudieran sintonizar una de

las cuatro señales específicas que estábamos emitiendo; en cada señal se escuchaba a un predicador, por lo cual literalmente podías escuchar al predicador que más te interesara, así que por un lado teníamos a los participantes de la conferencia sentados en las diferentes tribunas del estadio, y por el otro al equipo de la iglesia que hacía la transmisión con unas antenas de FM de corto alcance desde otro lugar del estadio.

En los papeles esta era una idea increíble, pero en la práctica había muchísima gente que no sabía sintonizar su radio, lo cual resultó algo complejo de manejar; aun así, tengo un buen recuerdo de esa experiencia (o quizás se trate de mi deseo solo contarte cuando las cosas nos salieron bien, pero también debo ser honesto y hablarte de los momentos que no fueron tan buenos).

En esa misma conferencia decidimos utilizar una aplicación llamada *Watchout* que era nueva por aquel entonces. Con mucho entusiasmo compramos el *software* que nos permitía transmitir una señal a múltiples pantallas a la vez (hoy en día existen mejores soluciones para eso ya que ahora tenemos pantallas LED, pero en aquel entonces no se utilizaban pantallas, todo era proyectado), y como en la iglesia teníamos varios proyectores tratamos de usarlos junto al *Watchout* para hacerlo. En realidad, esta era la primera vez que lo usábamos.

En teoría sabíamos todo, pero cuando lo pusimos en práctica fue un fracaso total y rotundo, ya que la imagen se nos congeló en plena apertura del evento y también durante el tiempo de alabanza; honestamente, fue una tremenda pesadilla. Incluso hoy recuerdo cada uno de esos días: ¡quería morirme, y no solo yo, sino cada uno de los miembros del equipo! Estábamos bajo mucha presión, teníamos demasiado estrés y vergüenza por todo aquello. Para colmo, sumando algo más a todo el fracaso del *Watchout*, sucedió que una de las personas que considero un héroe, Bobby Gruenewald, de la iglesia Lifechurch (Oklahoma), que es muy conocido por ser uno de los impulsores de *YouVersion*, que es la *app* más conocida de la Biblia, fue justamente uno de los que, habiendo escuchado acerca de Camino de Vida, decidió comprarse un pasaje desde los EE. UU. Y vino desde allí solo para vernos.

En primer lugar estaba súper impresionado, porque él había venido a conocernos, y luego estuve muy avergonzado porque se dio cuenta inmediatamente y de primera mano de todo lo que nos pasaba, ya que estuvo en el *detrás de escena* de todo nuestro fracaso; él tuvo mucha paciencia y gracia, y en verdad estoy muy agradecido de que estuviera allí esos días, porque, como un maestro, fue dándome algunas lecciones de una manera muy generosa y con gran misericordia. Recuerdo que un día, en el que no me sentía bien por lo que estaba sucediendo, Bobby se acercó y me dijo: «Taylor, no te preocupes, esto es parte del proceso; a todos nos ha sucedido, solo que para algunos no fue tan público y en medio de un evento como a ustedes».

Yo estaba muy frustrado, y le decía que faltaban más máquinas, más cámaras, que las luces no ayudaban, y que faltaba esto y aquello —en realidad faltaba de todo— y por eso era que no podíamos hacer las cosas como se debía; nos faltaba tecnología para hacerlo y muchas cosas más. Fue en ese momento que me detuvo y me corrigió: «Taylor, si tú tratas de tener todo lo que necesitas para hacer lo que tienes que hacer, vas a fracasar rotundamente y para siempre. Es que la tecnología es como un agujero negro: nunca estarás al día con ella, nunca estarás en la vanguardia de lo que necesitas, nunca será suficiente. ¿Por qué? Porque es imposible. Y si esto fuera posible, si pudieras tener todo lo que necesitas, sería demasiado costoso».

«Tenemos una convicción en la iglesia Lifechurch —continuó diciéndome— y la encontramos en 2 Pedro 1:3, un pasaje donde el apóstol Pedro dice: "Dios en su gran poder nos ha concedido lo que necesitamos para llevar una vida piadosa. ¡Lo hizo cuando conocimos a Aquel que nos llamó por su propia gloria y excelencia!". En otras palabras, Taylor: Dios ya te ha dado todo lo que necesitas hoy para hacer lo que él desea que hagas. Tú y Camino de Vida tienen hoy en día todo lo que necesitan para hacer todo lo que Dios les pide hacer; no tienen deficiencia de nada, ustedes tienen todo lo necesario para hacer lo que Dios quiere que hagan».

Esto me marcó mucho, porque yo siempre estaba frustrado, como persiguiendo un espejismo, tratando de llegar al final del arcoíris (al cual nunca puedes llegar), así que gracias a Bobby Gruenewald, a su tremenda lección de que *ya tengo* todo lo que necesito para hacer lo que Dios desea que haga. Entendí que, si soy fiel con lo que Dios me ha dado para hacer, Dios me dará más. En otras palabras, podemos confiar y caminar en la fe, con la certeza de que no caminamos con deficiencias, de que no andamos con ninguna carencia, de que Dios nunca nos da tareas que no podamos cumplir. Dios tiene expectativas, sí, pero él ya nos ha equipado para poder cumplir con todas ellas.

Dios ya ha puesto delante nuestro todo lo que necesitamos para lograr lo que él desea que logremos; por eso, cuando leo en la Biblia la historia de Agar —quien había tenido una mala relación con Sara por razones obvias, por lo que decidió huir del campamento— recuerdo que estando ella en el desierto, un ángel enviado por el Señor se le apareció y le dijo que Dios había visto su dolor, que no los había olvidado y que tenía un plan y un propósito para Ismael, ya que iba a hacer de él una gran nación. Allí nos damos cuenta de que la provisión de Dios siempre estuvo para Agar, solo que ella por momentos se frustraba y perdía de vista que Dios cuidaba de ella.

44

Como pastores, como líderes y como iglesia podemos frustrarnos por no estar donde deseamos estar, pero Dios ya nos equipó para hacer la iglesia creativa que tenemos que ser, nos equipó para hacer que la iglesia sea cada día más atractiva (recuerda que ya tenemos todo lo que necesitamos para hacer lo que Dios desea que hagamos). En esta verdad tan grande podemos descansar y empezar a tomar pasos hacia adelante en lo que Dios tiene para nuestro futuro.

Si soy fiel con lo que Dios me ha dado para hacer, Dios me dará más

sección
02

¿Por qué la iglesia debe ser creativa?

CAPÍTULO 5

La revolución es de Dios

Hace varios años atrás tuve una experiencia que, para serte honesto, marcó un antes y un después en mi vida. Estaba en Nueva Zelanda para un evento creativo llamado *Salt* (es de allí de donde saco el nombre «La sal» para la conferencia creativa de Camino de Vida) y allí conocí a un expositor que era el invitado especial de este evento: se llamaba Jeff Crabtree, y este hombre dio una enseñanza que realmente me marcó. Comenzó a hablar sobre el pasaje de Isaías 2:2-3 donde la Biblia declara que en aquellos días el monte del Señor será levantado por encima de todos los otros, todos lo verán y correrán hacia él, diciendo: «Vamos al monte del Señor, porque allí van a enseñarnos cómo es que debemos vivir».

Hay otra traducción que dice que en aquellos días el monte del Señor será la atracción más grande de la historia del mundo (y sabemos que el monte del señor es la iglesia, la novia de Jesús); también sabemos que los otros montes representan algunas influencias que están sobre el mundo, como pueden ser las telecomunicaciones, los gobiernos, los negocios, la educación, etc., lo que algunos llaman «los siete montes de influencia». La promesa de Dios —que en algún momento se cumplirá— es que el monte de Sion —la iglesia, que quizás hoy pueda estar opacada por los otros montes— será levantado y exaltado por encima de los otros, y lo que me encanta de todo esto es que la Biblia dice que todos lo verán.

Lo que Jeff Crabtree estaba explicando era algo que parece obvio: dijo que el ver esa montaña será algo audiovisual, porque no solo implicará nuestra vista sino también nuestros oídos y nuestros labios, porque cuando las personas lo vean no solo correrán hacia allí sino que sonará como el estruendo de muchos adorando al Señor en ese monte. ¿Cómo llegamos, entonces, a ser esa iglesia que se convierta en la atracción más grande del mundo, una iglesia influyente, una iglesia importante?

Bueno, creo que aquí podemos observar una historia que es por demás curiosa. Es la de Los Beatles, la famosa banda de los cuatro de Liverpool, que hacían esa música que revolucionó al mundo. Su música tuvo un efecto inesperado; fue tan contagiosa y tan bien recibida que hasta cruzó las fronteras de países culturalmente muy diferentes, atravesó la famosa Cortina de Hierro y llegó a la Unión Soviética (hoy Rusia). En ese entonces, en la URSS no estaba permitido escuchar rock, en especial a Los Beatles, ya que era una música que venía del oeste, y podría significar una nueva influencia que cambiaría la cultura de los jóvenes del país. Pero aunque estaba prohibida, los jóvenes de las nuevas generaciones querían escucharla y se las ingeniaron para encontrar formas de introducirla de contrabando, incluso grabándola en placas de rayos X, y llegaron hasta a escucharla en bares escondidos en la ciudad.

Ahora, ¿por qué menciono esta historia? Porque hoy en día está documentado que la música de estos cuatro muchachos de Liverpool contribuyó a que la Cortina de Hierro finalmente terminara siendo destruida. Literalmente, lo que estos cuatro muchachos causaron fue una revolución que provocó una implosión de la cultura, un estallido desde adentro hacia afuera. Casi por accidente y sin proponérselo cambiaron la historia del mundo, y cambiaron la historia de uno de los gobiernos más fuertes.

Lo que me sorprende es que, de hecho, creemos que somos la iglesia y que Dios nos ha enviado para poder literalmente ser esa montaña y ser esa influencia sobre este mundo, pero a veces no actuamos como tal, y aquí es donde quiero proponer lo que Jeff Crabtree me enseñó aquel día: si cuatro muchachos cambiaron el mundo por accidente, ¡cuánto más podríamos hacer nosotros que somos la iglesia, la novia de Cristo, quienes hemos sido llamados para levantar la iglesia de Jesús! ¡Cuánto más nosotros deberíamos creer que Dios no solo quiere hacerlo a través de nosotros, sino que por sobre todo él puede hacerlo!

Lo cierto es que a veces actuamos de manera contradictoria, porque por un lado no dejamos de orar diciendo «Dios, haznos esa iglesia, queremos ser la montaña que se levante por sobre las otras montañas de influencia» y por el otro lado nos mantenemos en una eterna pasividad, esperando que Dios nos use y haga su perfecta voluntad en nosotros. La verdad es que yo creo que Dios está esperando que sus hijos se muevan, que la iglesia haga algo al respecto.

Cuenta la historia que allá por los años setenta un hombre llamado Sixto Rodríguez, aspirante a músico, llegó a firmar contrato con una disquera de Estados Unidos con la cual apenas grabó un par de discos que no llegaron a tener mucha trascendencia; de hecho, fue tan pobre la respuesta de la gente en las radios que la disquera canceló el contrato. Y aquí viene lo curioso: como la empresa era internacional, había enviado algunas copias de su música a varios países en los que tampoco tuvo éxito, a excepción del efecto que tuvo cuando llegó a Sudáfrica, donde su impacto fue tan fuerte que allí alcanzó el estatus de músico de culto y la gente empezó a crear cientos de miles de copias piratas de sus canciones. Dicen que su música fue tan popular y revolucionaria que en ese entonces se le acreditó destruir la separación de razas y acabar con el famoso *apartheid* y unir a la nación.

Ahora, todo esto ocurrió sin que Sixto Rodríguez se diera cuenta; él simplemente pensó que su carrera como músico había terminado, por lo cual tenía un trabajo regular como cualquier persona común y corriente, mientras que al otro lado del mundo, en Sudáfrica, se sabían solo algunos rumores de este hombre místico. Incluso hicieron una película sobre esta historia, llamada *Searching for Sugar Man*, donde trataban de responder si este hombre existía o era solo un mito, si estaba muerto o seguía vivo, y no fue sino hasta muchos años después que Sixto Rodríguez se enteró de que su música fue tan inspiradora que llegó a cambiar la historia de una nación y del mundo.

La razón por la cual menciono esta historia es que tú y yo deseamos ser aquella iglesia que resplandezca y que sea influyente, deseamos ser aquella montaña encima de las otras, pero primero y antes que nada debemos publicar algo, debemos hacer algo, y lo que resuena en mi espíritu es que Sixto Rodríguez no hubiera tenido tanto efecto en Sudáfrica si antes no hubiera publicado una canción. Quizás tú estás esperando y repitiendo: «Dios, haz tu voluntad», y está bien que lo hagas, pero creo que Dios está diciéndonos desde el cielo: «Yo ya te di algo para que tú hagas, y solo cuando te animes a hacerlo voy a respirar aliento de vida sobre ello».

Camino de Vida tiene fama de ser una iglesia que sirve a la comunidad ya que hacemos lo que llamamos *servolución,* que son actos de servicio a la comunidad hechos de una manera

Creo que Dios está diciéndonos: «Yo ya te dije algo para que tú hagas, y solo cuando te animes a hacerlo voy a respirar aliento de vida sobre ello».

cuando te animes

desinteresada. Lo hemos hecho desde el comienzo de nuestra iglesia; antes tenía otros nombres, pero siempre hemos dedicado nuestra vida a servir a la comunidad. Hoy en día, sin buscarlo, hemos llegado a ser reconocidos por el Estado —entre otras grandes instituciones— por ser una iglesia que da, que sirve y que ayuda de forma desinteresada y sin pedir nada a cambio.

Muchas iglesias nos dicen «¿Cómo han llegado a ser tan influyentes? ¿Cómo es que lo han logrado?», y la respuesta que damos es que simplemente empezamos a servir y nunca paramos de hacerlo. Nunca imaginamos que llegaríamos a estar en una postura tan prominente con las autoridades de la ciudad, con la policía, con los bomberos, con los políticos, con el gobierno y con la sociedad misma, pero eso ocurrió porque dimos un paso hacia delante y Dios sopló aliento de vida sobre el resto.

¿Por qué la iglesia debe ser creativa? Debemos crear, debemos traer respuestas, debemos traer soluciones y esperar que con eso que hacemos Dios cause una revolución. Nuestro trabajo no es causar una revolución sino dar un paso hacia adelante, avanzar con lo que nos corresponde, con lo que tenemos entre las manos, creer que Dios ya nos dio todo lo necesario para hacer lo que él desea que hagamos hoy, y que a partir de allí él hará el resto.

Lo que veo cuando la montaña está siendo levantada por encima de los otros montes es *gracia*. La mejor definición de gracia es: Cuando Dios decide poner su linterna sobre ti y alumbrarte. No puedes pedir a Dios que te alumbre, simplemente cuando él desea hacerlo lo hace, y cuando tú y yo respondemos y actuamos con lo que él ya nos ha dado, allí Dios alumbrará sobre nuestras vidas y podremos ser como iglesia aquella montaña de Isaías 2:2.

Entonces, si cuatro muchachos de Liverpool lo hicieron por accidente («sin querer queriendo»), ¡cuánto más nosotros! Si Sixto Rodríguez lo hizo sin saber lo que había hecho, cuánto más nosotros podríamos tomar esto como un acto, un llamado, una convocatoria a creer que Dios puede y quiere hacer con nosotros lo que él declara y promete en este pasaje. Yo lo creo, ¿tú lo crees?

CAPÍTULO 6

Definiendo nuestra cultura

Cuando mis padres mudaron la familia a Perú —allá por el año 1983— y cambiaron de la cultura estadounidense a la cultura de América Latina (y del Perú, más específicamente) tuvieron que ir aprendiendo, adaptándose y acostumbrándose a ella. Una de las cosas a las que tenían que empezar a acostumbrarse era lo que en Perú se denominaba la famosa *hora Inca Kola*; para los que no saben, Inca Kola es la bebida de Perú, y en las radios sonaba cada cierto tiempo un corto *jingle* muy pegajoso de la bebida, anunciando la hora de ese momento.

Pero decir «la hora Inca Kola» también era otra forma de decir «la hora latina». Entre nosotros, todos sabemos que cuando dos personas se ponen de acuerdo para reunirse por algún motivo a una hora determinada, eso en realidad no significa nada, porque de seguro uno de ellos —o los dos— no lleguen a tiempo a esa cita; lo vemos todo el tiempo, cuando por ejemplo te invitan a una boda y en la tarjeta indica las 4 PM, todos sabemos que la boda empezará a las 7 PM. En realidad, un horario realmente solo es una estimación, y probablemente el evento no inicie a esa hora sino que lo hará mucho después; incluso muchas iglesias toman esto como parte de la cultura, porque cuando anuncian que la reunión empezará a las 7 PM todos en realidad saben que empezará con las alabanzas al promediar las 8 PM.

Mi padre pensó: «Bueno, estamos en América Latina y esto es parte de la cultura, así que debemos aceptarlo», hasta que un día —luego de unos años—tuvo una revelación: yendo al cine para ver una película notó un patrón que contradecía lo que todos le decían sobre aceptar la *hora Inca Kola*, cuando observó que la gente llegaba al cine mucho antes de que iniciara la película, y lo hacían para poder comprar las golosinas y bebidas y llegar a tiempo a sus asientos; querían estar listos desde el minuto cero y no perderse ni siquiera los comerciales que dan antes de que comience la película.

Más que cultura, la *hora Inca Kola* es algo que hemos aceptado. Por años hemos permitido que la gente defina lo que somos y qué debemos hacer en vez de definirlo nosotros.

Hace poco estuvo en las salas de cine la película *Life of Pi* (en español llegó a llamarse «La vida de Pi» o «Una vida extraordinaria»), y la historia que narra realmente me fascina: se trata de la vida de un niño cuyo padre le puso por nombre Piscine, que en francés significa «piscina» (su padre le da ese nombre porque tenía una fascinación con el idioma francés y porque amaba las piscinas. Entonces, el pobre niño que crece en la India (país donde hablan inglés) lo hace con un nombre que por coincidencia en inglés suena como *piss,* lo cual significa «meón», por lo que obviamente en el colegio recibe burlas de todos sus compañeros y amigos.

Llega un momento en la película en el que él empieza un nuevo año escolar; la escena es fascinante porque muestra al profesor en el aula tomando lista a los alumnos, y mientras todos dicen «presente», cuando llega su turno y el profesor menciona su nombre Piscine, todos sus amigos empiezan a burlarse diciéndole «¡Meón, meón, meón!». Él dice: «No, profesor, me llamo Pi» (porque él quería cambiar su nombre de «meón» a Pi, como la constante matemática). Luego la película cambia por momentos, y ahora ves que hay varios niños corriendo por los pasillos del colegio yendo todos en una misma dirección, y se escucha a lo lejos «Pi, Pi, Pi, Pi»; de pronto, la cámara entra al salón lleno de estudiantes y muestra al protagonista en la pizarra escribiendo de memoria el extenso número de la famosa constante matemática π. Desde ese día en adelante ya no fue conocido como *Meón*, sino que ahora todos lo conocían como *Pi*.

Esto nos enseña que si tú y yo permitimos que la gente nos defina como ella quiera, lo hará, porque lo que tú y yo no definimos otros van a definirlo. Es clave entender esto, porque muchas veces podemos rendirnos a lo que otras personas desean para nosotros o nuestra iglesia, en lugar de tomar el toro por las astas y pelear por lo que sabemos que Dios desea que hagamos. A veces nos convertimos en víctimas de las circunstancias, pensando que no podemos cambiar nada a nuestro alrededor, cuando en realidad Dios nos ha dado todo el poder para hacerlo, para alinear y modificar todo lo que está en nuestras manos.

Hay un principio muy fascinante sobre la cultura en algunas iglesias, y es este: *tienes lo que permites*. Voy a repetirlo, pero modificado: *tú y yo tenemos lo que permitimos*. Por ejemplo, como padres de familia podemos quejarnos de que nuestros hijos no nos obedecen, pero realmente tenemos lo que permitimos; si tú y yo en casa tenemos que contar hasta tres para que nuestros hijos nos obedezcan, y tenemos que decir *1, 2, 3* para que recién ahí el niño nos obedezca, ¿qué crees que sucederá cuando estemos en un lugar público con nuestro hijo y tengamos que corregirlo? Él sabe que no vamos a ser groseros y gritar en el restaurante, entonces allí

Dios nos ha dado todo el poder para alinear y modificar todo lo que está en nuestras manos.

tienes lo que permites

Dios nos ha dado todo el poder para alinear y modificar todo lo que está en nuestras manos.

él hará lo que le dé la gana, y eso será así si tú y yo se lo permitimos.

Lo que deberíamos hacer como padres es decirles que si a la primera no obedecen eso tendrá una consecuencia, y sin dar otra advertencia corregirlos; tal vez con solo una mirada se den cuenta de que han hecho algo que está incorrecto, lo que causaría que al estar en un restaurante o en un lugar público, simplemente al mirar al otro lado de la mesa ellos sabrán que deben comportarse y quedarse quietos. Tu y yo tenemos lo que permitimos, y si no definimos lo que queremos, las circunstancias u otras personas van a hacerlo y nunca será como lo deseamos.

Hace varios años que en Camino de Vida empezamos a notar que la asistencia de los domingos no era lo que pensábamos; usualmente contábamos la asistencia del servicio al terminar la tercera canción (es decir, antes del mensaje), pero los números no reflejaban la asistencia que veíamos. Fue ahí que decidimos hacer un experimento, y durante un mes hicimos dos conteos: uno durante las alabanzas y el otro a mitad de la prédica. Al sumar los números de todos los servicios del domingo (en ese tiempo teníamos seis servicios) descubrimos que la diferencia entre los dos conteos era mayor a 2500, es decir, había más de 2500 personas llegando después de que la prédica había empezado. Eso nos sorprendió, por lo que tuvimos que tomar una decisión: o lo permitíamos como algo cultural o definíamos nuestra propia cultura como iglesia.

La decisión que tomamos fue difícil: cerrar las puertas al inicio del mensaje (confieso que yo quería cerrar las puertas al empezar la alabanza, y la razón es que para mí las alabanzas no son algo extra, no es algo como para calentar el servicio hasta que llegue la prédica ni es una *yapa*, sino que es una parte esencial del mismo, pero hacer eso resultaba demasiado drástico). Cuando estaba por empezar la prédica, la cantidad de gente que se quedaba afuera quejándose de que habíamos cerrado las puertas era increíble. Incluso un día, una señora me dijo: «No puedo creer que me impidas cumplir con Dios y alabarle», a lo que yo le respondí: «Señora, si tan solo pudiera esperar un poco más, dentro de unos minutos comenzará otro servicio y podrá escucharlo desde el inicio; mientras tanto, la invito con un café o alguna otra cosa que desee de nuestra cafetería». Ella no aceptó y, gritando, dijo: «Yo me largo de esta iglesia», y se fue.

Analizando un poco, aquí encontramos una definición cultural, como lo es la idea de que vienes a la iglesia para cumplir, pero en Camino de Vida no cumples al venir a la iglesia, más bien lo que hacemos es reunirnos, inspirarnos, animarnos y crecer juntos. Dios no requiere que vayamos a la iglesia para cumplir, sino que lo hagamos para fortalecernos unos a otros.

Cerrando este capítulo, recordemos que si no definimos nuestra cultura, alguien más la definirá por nosotros. ¿Por qué la iglesia debe ser creativa? Porque si no somos creativos alguien más lo será, y llevará a nuestra iglesia en una dirección que no es la que Dios nos dio.

CAPÍTULO 7

Permanecer en la conversación

Cuando estaba en mi primer año de seminario, recuerdo que el pastor que estaba encargado de la iglesia local me entregó como regalo un libro llamado *Roaring lambs* (en español sería algo así como «Corderos rugientes»). «Toma este libro, léelo y luego conversamos al respecto», me dijo. Bueno, este libro realmente me marcó en gran manera y cambió mi *chip* en varias y diferentes formas (en primer lugar, me mostró la forma en que un creyente debe vivir en esta vida). La premisa de este libro es simple; el autor es Robert Briner, un productor que fue muy conocido y de gran renombre en los Estados Unidos, ya que produjo para la televisión grandes eventos como el Super Bowl de la NFL y las Olimpíadas, entre otros.

En este libro narra que, siendo un hombre exitoso en el ámbito secular, se sentía algo frustrado como creyente pues solamente asistía a la iglesia los domingos, y esto no lo hacía sentir cómodo. Él confiesa en su libro que no se hallaba útil en la iglesia y que por dentro siempre tenía un clamor en su corazón que decía: «Dios, ¿cómo puedo ser parte de lo que esta iglesia está haciendo? ¿Cómo puedo ayudar? ¿Cómo puedo sentir que estoy haciendo algo por tu causa?». Se sentía mal por no ser un pastor o líder de alabanzas o por no tener un lugar en el ministerio, pues creía que esa era la única forma de servir al Señor. También cuenta que se sentía un poco culpable porque su vida secular exitosa y su vida cristiana «de los domingos» corrían por caminos separados y que no se entrelazaban entre sí. Con el transcurso del tiempo fue descubriendo en su caminar con Dios que ser pastor no era su llamado, que ser líder de alabanza tampoco lo era, e incluso descubrió que no debía dejar su profesión para abocarse a algún área de la iglesia sino que más bien él había sido creado con el propósito de ser influencia dentro de la industria donde Dios lo había levantado: el Señor lo colocó en ese lugar no solo para tener éxito personal o darle un cheque cada quincena, sino que estaba allí para ser luz, para ser sal, para ser de influencia.

Este libro me golpeó mucho, porque entendí que durante muchos años como iglesia nos equivocamos en ese punto. Cuando salió la música rock, los comentarios que abundaban eran que esa música era satánica, decían que la guitarra eléctrica era mala y que los tambores de la batería eran instrumentos usados por los brujos en África, así que decidimos no hacer música; con la televisión pasó lo mismo: dijimos que en la tele solo salen cosas morbosas, que lo que pasan por las pantallas es sucio, y que mejor no entrar ahí. Lo que eso ocasionó fue un vacío, que se produjo al retirarse la iglesia de esos lugares, y al no tener presencia ni en la radio, ni en la televisión, ni en las artes y tampoco en otras áreas de influencia. Pero ese vacío debía ser llenado. Como la iglesia no estaba dispuesta a hacerlo, se encargó de llenarlo el mundo.

Como resultado, hoy en día decimos qué feo es Hollywood y cuántas perversidades salen de allí, cuántas filosofías se filtran a través de las películas, cuánta contaminación moral y oscuridad arrojan directo a la sociedad, y todo eso es verdad, pero si vemos algún lugar que está en oscuridad, es allí donde precisamente la luz de Jesús y la iglesia son necesarias. Hemos estado ausentes de esos espacios demasiado tiempo, es tiempo de retomar nuestro llamado y alumbrar donde haga falta, y no estoy refiriéndome solo a alumbrar como una corporación llamada iglesia, sino también a que brillemos como individuos, como representantes de Cristo y de su Iglesia.

No debemos alejarnos de las conversaciones incómodas; al contrario, debemos ser parte de ellas. Debemos estar presentes para llevar nuestra voz y nuestra postura en cada ámbito donde sea necesario, porque verdaderamente somos la luz y debemos resplandecer en la oscuridad; porque somos la sal debemos cumplir la función de preservar y añadir sabor. El problema que surge al querer salar viene cuando tratamos de añadir sabor cuando la cocción ya está terminada; muchas veces queremos rociar sal encima de lo que ha sido cocinado, y ya sea carne, papas o arroz, estos no tendrán tanto sabor porque simplemente hemos actuado tardíamente.

Se obtiene un mejor resultado cuando la sal es parte del proceso de cocción, y es allí cuando la sal es más eficaz en la cocina. Incluso cuando la carne es marinada, esta va absorbiendo el sabor de la sal, y cuando la carne ya está lista para comerse en el plato, agregarle un toque final de sal hace que quede deliciosa.

Lo que quiero decir —y lo que aprendí con el libro que mencioné antes— es que nosotros debemos permanecer en la conversación, debemos permanecer en la mesa. Si prestamos atención nos daremos cuenta de que Jesús siempre se mantuvo en la conversación, siempre se mantuvo en ambientes que eran difíciles o en la plaza pública en medio de la discusión. Y no se retiraba porque alguien dijera algo ofensivo ni decía «Me voy de este lugar porque es demasiado impuro para mis oídos», él se quedaba allí, en la conversación, y eso lo habilitaba para tener luego diálogos más profundos con gente que antes no lo hubiera escuchado.

Hay diversos ejemplos en la Biblia de gente que experimentó cambios por el simple hecho de que Jesús estaba con ellos, ya que su presencia trajo cambios que eran necesarios; en algunos casos no hizo falta la retórica o su prédica, sino simplemente su presencia. Entonces, como creyentes no podemos quejarnos de estar siempre a la defensiva en la opinión pública, no podemos quejarnos de que no podemos controlar la conversación; si andamos a la defensiva es porque nunca estuvimos en la conversación, porque no estuvimos liderando la conversación, porque nunca propusimos los temas de discusión o debate.

Lo que propongo es esto: que la iglesia debe ser creativa para permanecer en los lugares de influencia, debe permanecer en el centro de la conversación; no debemos ausentarnos, debemos estar presentes. Cuando estamos en la mesa como sal y luz tenemos la chance de redefinir la conversación, de reencauzar la perspectiva con la cual se conversa, podemos ser parte de ese tema que es tan importante. Para que esto suceda, se requiere invertir tiempo en las relaciones y no en las conveniencias personales. Nuestro mensaje debe ser claro: «Estoy aquí porque me interesa fortalecer relaciones contigo», «Estoy aquí porque te amo», «No estoy aquí para probar que tengo razón, estoy aquí porque quiero estar contigo y porque eso es lo que Jesús me mostró». Una y otra vez, Jesús nos muestra que las relaciones son la única y verdadera forma de tener influencia.

Aquí me pongo a pensar en el ejemplo del apóstol Pablo, quien dondequiera que iba durante sus viajes misioneros se hacía tiempo para quedarse un poco en uno y en otro lugar, y cómo Dios lo usaba de una manera tan influyente y magnífica.

Una y otra vez, Jesús nos muestra que las relaciones son la única y verdadera forma de tener influencia.

A veces vemos demasiado *glamour* en la influencia de Pablo y no entendemos por lo que él realmente pasó. Por ejemplo, si leemos Hechos 24:24-27 vemos que Pablo estaba frente a Félix y su esposa Drusila en Cesarea, en donde le hacían preguntas. Félix tenía curiosidad y Drusila —que era judía— quería saber más, y ellos hablaron durante el transcurso de dos años con Pablo mientras este estaba prisionero, aunque teniendo el oído y la atención de la persona más influyente de toda la región. Ahora, yo creo que Pablo pudo haber salido de la prisión rápidamente exhibiendo su credencial de romano, pero se quedó allí para poder ser de influencia en ese lugar.

Como iglesia y como creyentes debemos permanecer en la conversación, debemos estar presentes, no solo para tratar de defender la fe cristiana sino también para comunicar y proponer de la mejor manera posible los beneficios de la vida en Cristo, y establecer un marco sobre el hermoso futuro que Dios tiene para cada uno de sus hijos.

La iglesia debe permanecer, debe ser visible, y debe estar así siempre. Esto no es una cuestión de hacer un gran marketing, no es cuestión de competir para ver quien hace más bulla o saber quién es el más agresivo, solo es cuestión de tomar acción y hacer nuestra parte.

Esto me hace recordar una palabra profética que recibió mi padre en el año 1974, mucho antes de que fuera misionero en Perú: «Robert, muchos vendrán respondiendo con estruendos y tempestades y actuarán de forma bulliciosa, pero tú responderás con susurro y de forma silenciosa; actuarás de forma callada, y cuando los truenos y las tempestades hayan cesado, habrás hecho más que todos ellos juntos, con un simple y sencillo susurro». Cuando le pregunté a mi padre sobre esto, me dijo que esa palabra profética es la que siempre le da ánimo para permanecer, para quedarse haciendo lo que está haciendo.

Déjame decirte que un ministerio a largo plazo crea resultados a largo plazo. La iglesia creativa que permanece es una iglesia que tiene efectos que perduran. Seamos la iglesia creativa que perdura, seamos los corderos que rujan, seamos la iglesia que sazona y alumbra, seamos esa iglesia creativa que decide ser parte de la conversación, y que al ganar confianza y convertirse en un referente, la gente venga a visitarnos diciendo «Necesito la respuesta a esta pregunta».

Pero esto solo ocurrirá cuando decidamos permanecer. La iglesia debe ser creativa para poder permanecer.

CAPÍTULO 8

crear espacios

En 2010, como equipo creativo, nos lanzamos a hacer un evento para gente creativa y lo llamamos *La sal*. No teníamos mucha ambición de que llegara a ser un gran evento; más bien, solo fue el deseo de nuestro corazón de crear un espacio donde podríamos aprender mutuamente, donde la gente podría aprender de nuestros errores y juntos poder avanzar con más fuerza hacia adelante, hacia lo que Dios tenía para cada uno.

Realizamos el evento en nuestro local de Surco, donde lle- **67** gamos a juntar a varias iglesias del país. En el patio de la iglesia generamos un espacio muy bonito, donde tratamos de hacer diferentes actividades creativas para que los parti- cipantes del evento pudieran disfrutar. Entre las actividades que pensó el equipo creativo, una fue la de poner en el cen- tro del patio un mural (en realidad eran dos biombos grandes pintados de verde, que era el color del evento) sobre el cual un artista había trazado unas líneas, y al pie del mural deja- mos pinceles y pinturas. La idea del mural era que la gente viniera y sin instrucciones tomara un pincel y empezara a pintar entre las líneas que el artista había trazado, algo así como un libro para colorear en versión mural.

El evento duró dos días, y en el primer día la gente fue tími- da; no entendía mucho de qué se trataba, y para el final de ese primer día solo algunos pocos habían captado la idea y empezaron a pintar entre las líneas de aquel mural. En verdad, fue muy divertido y una gran experiencia. En la mañana del segundo día, la gente ya había terminado de llenar cada uno de los espacios vacíos, y más o menos a la hora del almuerzo algunos empezaron a pintar encima de lo que otros ya habían pintado, pero siempre entre las líneas. Casi al terminar la noche de ese segundo día, el mural ya no era lo que habíamos diseñado: la gente ya no pintaba entre las líneas, sino que empezó a *grafitear* y a pintar encima de lo que otros habían pintado el primer día. Al principio me molesté un poco y pensé: «¿Qué han hecho? ¡No puedo creerlo!», pero luego me di cuenta de algo que se volvió una lección para mi vida y que luego se convertiría en un principio que nos ha ayudado a liderar en Camino de Vida.

Me di cuenta de que la culpa por pintar fuera de las líneas y destruir el mural hasta hacerlo irreconocible y feo no fue de la gente; la culpa fue 100% nuestra por no crear espacios suficientes para que la gente pudiera colorear y pintar, por no haber habilitado más murales y por no tener más espacios disponibles para la gente. Allí aprendí que cuando no hay espacio para que la gente pueda florecer, la culpa es 100% mía y no de ella.

El Pastor Brian Houston (Hillsong Church) dice que si otros no están floreciendo debajo de tu liderazgo no es culpa de ellos, sino que es nuestra responsabilidad por no haber creado el suficiente espacio como para que ellos puedan florecer; incluso dice que si no están floreciendo debajo de ti, tú debes cambiar y mejorar para que ellos puedan hacerlo. ¿Por qué me fascina tanto este principio? Porque la iglesia debe ser creativa en generar espacios para que la gente joven pueda ubicarse y desarrollar su potencial, e incluso para que puedan encontrar la razón por la cual existen en esta vida. Si no generamos espacios para la siguiente generación, si no hay espacios para más y nuevos líderes, entonces estamos fracasando como iglesia, o en todo caso estamos limitando las posibilidades que Dios tiene para los miembros de nuestras iglesias.

Esto me hace recordar a una historia que contó Daniel Gutiérrez (uno de los pastores de Camino de Vida) en uno de los eventos de *La sal* que tuvimos años atrás, donde mencionó que en el siglo XIX el epicentro artístico del mundo estaba en Francia, y en particular en uno de los grandes salones de exhibiciones artísticas del mundo llamado el *Salón de París*, donde cada año había una exhibición de arte en la cual se presentaban los mejores artistas de la época. Si alguien quería ser un legítimo artista, tenía que exhibir su arte en dicho salón, pero para poder ingresar había que someterse a la decisión de un comité de artistas que aprobaban o rechazaban el arte de los que querían participar.

En el año 1863 este comité negó el ingreso a más de dos tercios de los artistas que trataron de entrar, lo que desató protestas en las calles de París y dejó enojada a mucha gente. Fue allí cuando el emperador Napoleón III crea otro salón de exhibición al cual lo llamaron *Salon des Refusés,* que literalmente significa «el salón de los rechazados»; así, literalmente, los artistas que no eran aceptados en el prestigioso Salón de París eran enviados a este salón del desprestigio (creo que ahí es donde ves que una generación empieza a decir: «Porque no queremos lo que ustedes nos dan, nosotros mismos vamos a crear nuestro propio espacio»). En ese año, cerca de treinta jóvenes tales como Manet, Degas, Cézanne, Renoir y Bazille —entre tantos otros— se plantearon la posibilidad de crear su propia galería con el arte que ellos amaban, causando de esta manera una revolución artística.

Edwin Louis Cole dice que el cambio es una constante y vendrá por revelación desde arriba o por revolución desde abajo. Creo con todo mi corazón que la iglesia debe ser creativa y esforzarse en crear nuevos espacios, entendiendo que estos deben tener la intencionalidad de generar cambios para que nuevas generaciones con otras expresiones puedan encontrar su lugar dentro de nuestras iglesias. Sueño que jóvenes, niños y adultos puedan encontrar su propia manera de expresarse para alabar a Dios como ellos lo sientan.

Esto me hace pensar en mis hijas: hoy en día, ellas son dueñas de mi televisor, de mis *playlists* y de mi música. Si escucharas mi música me daría vergüenza, porque realmente no es mi música; la verdad es que hace tiempo que dejó de serlo, y ahora es la música de mis hijas. Unos años atrás yo podía ver mi noticiero, mis deportes y mis películas con total libertad, pero lo que veo y escucho ahora es Peppa Pig, Pocoyó y Disney; me conozco a todas las princesas de Disney de memoria (las reconozco por sus vestidos y entiendo quiénes son los príncipes que corresponden a cada una de ellas), y yo declaro que ese tal Eugene nunca va a acercarse a una de mis hijas, ¡en el nombre de Jesús!

Sé que esto no es algo exclusivamente mío; es una realidad para cada padre que ha decidido crear espacio en sus casas para que sus hijos puedan desarrollarse. Hoy disfruto ver las películas de mis hijas con ellas, disfruto cuando al terminar el programa de dibujos animados me siento con ellas para hablar de lo que acabamos de ver, y amo letra por letra las canciones y cantarlas con ellas (en realidad no me gustan a mí, pero sé que les encantan a mis hijas). Sea en Estados Unidos, China o Perú, en cualquier lugar, todos los padres hacen lo mismo: tratan de crear un espacio para sus hijos en su hogar.

Y si la iglesia es la casa de Dios, ¿no deberíamos entonces hacer lo mismo? En vez de pedir que nuestros hijos canten nuestras canciones, ¿no deberíamos cantar sus canciones? En vez de pedir que nuestros hijos oigan la palabra de Dios como a nosotros nos gusta, ¿no deberíamos exponerla de mejor manera para que también a ellos les guste? ¿No deberíamos literalmente crear un espacio donde ellos se sientan a gusto y en casa? Porque sería raro que yo obligara a mis hijas a ver mi noticiero, mis deportes y mis películas; sería raro obligar a mis hijos a vestirse como yo me visto y oír la música que yo escucho. Todo eso sería raro, ¿pero por qué no es raro en la iglesia?

Tantas veces he visto esta clásica historia: una mamá que da a luz a un bebé, el niño es dedicado en la iglesia, la madre lo lleva cada domingo a la escuela dominical, cuando llega a ser adolescente participa de los servicios de adolescentes de la iglesia, cuando llega a los quince años se encuentra un poco rebelde, va los domingos a la iglesia pero se mantiene con los brazos cruzados, a los dieciocho asiste cada cierto tiempo pero por imposición de la madre, y finalmente cuando llega a los veinte, ya no quiere ir más a la iglesia. La madre se le acerca un día y le pregunta: «Hijo, ¿por qué no vas a la iglesia conmigo?», a lo que él responde: «Mamá, ya no quiero ir más a tu iglesia». La madre, un poco indignada, le dice: «Pero hijo, ¡cómo dices que es *mi* iglesia, si es *nuestra* iglesia! Yo te he criado allí, tú has crecido allí, prácticamente te di a luz en la iglesia, es tu iglesia también». Pero el hijo responde: «No, mamá, nunca fue *nuestra* iglesia, nunca fue *mi* iglesia; siempre fue *tu* iglesia, yo solo te acompañaba».

Por eso urge crear espacios para la siguiente generación, porque si no lo hacemos estamos diciéndoles que no son bienvenidos. Yo creo que como iglesias creativas debemos estar siempre innovando y creando espacios para que las nuevas generaciones puedan encontrarse, puedan expresarse, y estoy seguro de que luego tendremos como resultado una generación de jóvenes que añadirán valor al total de todos nosotros.

revelación

el cambio es una constante y vendrá... el cambio es una constante y vendrá... el cambio es una constante y vendrá... el cambio es una constante y vendrá...

por revelación
desde arriba
o
por revolución
desde abajo

revolución

CAPÍTULO 9

Quitemos la alfombra

En el primer capítulo del libro *La iglesia relevante*, mi padre habla sobre el momento en que el pastor Chuck Smith —de la mítica iglesia Calvary Chapel— advirtió que los jóvenes que estaban descalzos no podían entrar al auditorio recién estrenado por causa de la alfombra nueva que se había colocado. Al ver que la gente no podía ingresar y que el espacio no permitía que los jóvenes se pudieran conectar con el Señor, él dijo: «Si una alfombra va a impedir que los jóvenes conozcan a Dios, entonces arranquemos la alfombra y alabemos a Dios sobre el cemento».

En ese momento se produjo un gran giro en la historia de esa iglesia, y es allí donde empezaron a quitarse todos los impedimentos que no dejaban que los jóvenes se acercaran a Jesús. Fue en ese tiempo que nació la frase *Ven tal como eres; cada uno de ustedes es bienvenido*. Creo que muchas veces subestimamos el poder de los espacios que habitamos y el poder de aquellas cosas que ocupan esos espacios. En el caso de Chuck Smith, la alfombra nueva en el suelo impedía que la gente pudiera ingresar al templo, impedía que la gente pudiera conocer a Jesús.

Los espacios son importantísimos, por eso es prioritario tomar en cuenta y aprovechar de la mejor manera los espacios que tenemos. Por ejemplo, si uno entra a una iglesia católica, ¿qué provoca ese espacio? Probablemente te provoque caminar lentamente, contemplar y susurrar, andar en reverencia (aun si no compartes la fe católica). Otro ejemplo de lo que provocan los espacios es la sensación que tienes al entrar a la sala de un cine: estar allí te provoca estar silencioso, con el celular guardado, porque todo aquel que se mueve distrae, y nadie quiere hacer eso; en cambio, cuando vas al estadio, este te provoca totalmente lo opuesto, que es gritar, saltar, e incluso echar porras por un equipo que quizás no es el tuyo. El estadio te provoca hacer bulla.

Al ver estos ejemplos nos damos cuenta de que somos cautivos de lo que provoca el espacio donde estamos. Es tiempo de hacernos esta pregunta: ¿qué es lo que provocan los espacios que tenemos en nuestra iglesia? No me refiero solo al auditorio, sino también a los baños: ¿son baños a los que tú entrarías? ¿Qué provoca el patio, o el *lobby* de la iglesia? ¿Qué provocan las oficinas de tu iglesia, o el estacionamiento? ¿Qué provoca todo lo que tú eres como iglesia? Cuando las personas están en esos ambientes, ¿a qué son motivados?

Incluso podemos pensar un poco más allá de los ambientes físicos e incluir las áreas virtuales. Sé que todos en este tiempo hemos aprendido a hacer la iglesia de modo virtual, por eso la pregunta es: ¿estamos tomando conciencia de que nuestros espacios virtuales también provocan algo?

Hace un tiempo atrás, notaba que nuestras reuniones virtuales no tenían mucha interacción, y cuando alguien llegaba era como un campo desértico; sí, había una transmisión, pero los chats estaban vacíos y la gente no comentaba, y mucho menos interactuaban entre sí. Esto no era algo que deseáramos, y conversando con varios amigos de otras iglesias me enseñaron que debía levantar un equipo de voluntarios: así como en la iglesia física la gente da la bienvenida, debes levantar un equipo de gente que pueda hacer lo mismo en las plataformas virtuales para que los chats estén activos, con la gente echando porras, diciendo «¡Amén!» y creando ambiente. Esto para mí fue una revelación: el solo hecho de saber que también tenemos el poder de crear ambientes en los chats virtuales y que podemos crear una atmósfera que provoque alabanza a Dios, que provoque el querer conectarse más, que provoque el querer regresar para el siguiente servicio *online*.

Entonces, ya sea tu espacio físico o virtual, ¿qué provoca el espacio que tenemos? A veces no nos damos cuenta de lo importantes que son los espacios y lo que provocan; cuando un pez está en el agua no se da cuenta de ello o de que está mojado, pero cuando tú o yo entramos al agua nos damos cuenta rápidamente de que nos hemos mojado.

Muchas veces no nos damos cuenta del impacto que causan nuestros ambientes a las personas que llegan por primera vez. Para nosotros todo está normal, porque ya nos hemos acostumbrado, pero tenemos que ponernos en los zapatos de los que vienen por primera vez y descubrir cuál es la sensación que reciben cuando entran a nuestra iglesia. Creo que si tuviéramos un objetivo principal en nuestras iglesias este debería ser que la gente se sienta bienvenida, que se sienta a gusto y que desee volver al siguiente servicio, pero principalmente que podamos crear espacios donde la gente pueda conectarse entre sí, ya que hoy en día tenemos una deficiencia de conexiones muy significativa. Mi oración es que nuestra iglesia pueda crear siempre aquellos espacios donde la gente pueda conectarse y pueda sentir que es parte de una familia a la que pertenece.

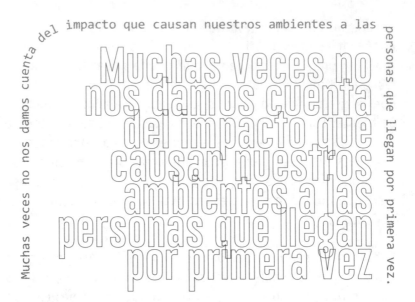

Muchas veces no nos damos cuenta del impacto que causan nuestros ambientes a las personas que llegan por primera vez.

Hay una historia en la Biblia donde vemos a Jesús enseñando en la orilla del mar de Galilea, lugar que rápidamente se llena de personas y donde comienza a agolparse más gente que seguía llegando, tanto que Jesús ya no puede ser escuchado por todos. Entonces, él hace una pequeña modificación a su espacio para poder conectarse de mejor manera con la gente: se sube a la barca de Pedro (es sabido que las ondas del mar ayudan a llevar el sonido de la voz más lejos, como para que todos puedan escucharlo), y desde allí se conecta con más gente y hace que su mensaje llegue a más corazones.

Cuando vemos a Jesús haciendo esto, parece que estuviera alejándose de las personas, pero en realidad el solo quiere conectarse de una mejor manera. El cambio que Jesús hizo tuvo la intención de conectar con las personas, y por ello el espacio tuvo que ser modificado. Yo no estoy diciendo que debamos cambiar de espacios para conectar mejor; estoy proponiendo que adecuemos nuestros espacios para así poder conectar mejor.

En nuestro caso (hablando de Camino de Vida), nuestra sede principal es alquilada, y hasta hoy seguimos orando para que Dios haga un milagro y algún día podamos comprarla. Nuestro local anteriormente era un coliseo de básquetbol, y al principio se veía como tal, por lo cual era difícil generar la sensación de estar en una iglesia; yo me sentía como cautivo o preso a esa cancha de básquet, porque no se sentía como un lugar de adoración. Me parecía que había demasiadas distracciones en aquel lugar. Entonces, poco a poco, fuimos haciendo pequeñas modificaciones: primero colocamos unas telas en el techo para que el local tuviera una mejor acústica, para así eliminar esa reverberación que distrae tanto. Luego pintamos las paredes de negro y agregamos luces al coliseo, generando de esa manera un ambiente cálido y acogedor para la gente.

Después de un tiempo, también quitamos los aros que estaban colgando sobre las sillas, y así se formó un ambiente en donde las personas se olvidaban de que se trataba de una cancha de básquet. Otro gran cambio fue el de las sillas; cambiamos unas que eran blancas, de plástico y ruidosas, por unas más robustas, silenciosas y de color negro. Los cambios hasta ahora continúan y seguimos añadiendo y quitando cosas, pero siempre con el fin de crear el mejor ambiente posible para que las personas puedan enfocarse más en la Palabra, para que se sientan más cómodas y se conecten mejor.

Escucho a tantos pastores que me dicen «Taylor, el local que tengo no es mío ya que es un espacio alquilado, y si invierto dinero voy a perder esa inversión». Siendo honesto, por un tiempo yo acepté ese argumento, pero observando cómo funciona la mercadotecnia, mi modo de ver las cosas cambió un poco; es decir, si un Starbucks alquila un espacio en el centro comercial, invierte cientos de miles de dólares para equipar ese espacio, decorarlo y convertirlo en un lugar acogedor para recibir a sus clientes. Si Starbucks puede hacerlo, ¿por qué una iglesia no?

El mundo sabe y entiende que el espacio, aunque es temporal, puede convertirse en acogedor, y para que ello ocurra se requerirá de inversión, la cual vale la pena cuando vemos los resultados que dicha inversión produce. Vale la pena recordar lo que Dios le pidió a Israel que hiciera durante los cuarenta años en el desierto: que cada vez que la columna de humo o fuego se moviera, ellos tenían que levantar todo lo que habían edificado, empacarlo, envolverlo, montarlo y seguir la presencia de Dios, y que cada vez que la presencia de Dios se detuviera tenían que desmontar, desenvolver, desempacar y volver a edificar el lugar santísimo.

¿Acaso no fue Dios exquisito al decir: «Yo sé que es temporal, pero igual háganlo con todos los detalles significativos, con cada pieza, con cada cosa en su lugar»? ¿Con qué fin? Para enseñarnos, en primer lugar, que aunque sea temporal hay que darlo todo; y en segundo lugar, para entender que conectarse con Dios es importantísimo y que no vale la pena tomar atajos, no vale la pena decir: «¿Para qué armar hoy el tabernáculo de reunión si de todas formas mañana tendremos que desarmarlo? Dejémoslo así, a medias». Yo creo que Dios nos pide que, aunque tengamos locales temporales o que no sean permanentes, pongamos todo lo mejor, hagamos nuestro mayor esfuerzo, sabiendo que los espacios son importantes.

¿Por qué debemos ser una iglesia creativa? Porque si no lo somos, siempre seremos cautivos de nuestros espacios. La propuesta es que en vez de ser cautivos de estos seamos proactivos, para crear ambientes que provoquen, cautiven y conecten.

CAPÍTULO 10

El mensaje esencial

Amo el café. Lo amo tanto que decir que el café es mi pasión probablemente sea minimizar la verdad. El café es uno de mis más grandes deleites, es algo que me encanta descubrir, saborear y preparar; me encanta discutir sobre café y también me encanta ir a cafeterías nuevas. Yo estoy dispuesto a manejar una hora hacia una dirección determinada si es que me lleva a descubrir una buena cafetería. Realmente, gran parte de mi afición es encontrar un buen café, una tienda que respete el grano, que ame cada uno de los procesos y que trate al café como merece ser tratado.

Ahora, tú podrías decir: «Taylor, eres un exagerado, solo se trata de café. ¿Por qué haces tanto escándalo, si solo es café?», y ahí es donde yo quiero aterrizar un poco esta idea y traducirla a la «versión iglesia». Déjame decirte que para mí no hay nada peor que ir a una cafetería que tenga toda la apariencia adecuada pero donde, aun teniendo todo lo necesario, no sepan preparar un buen café. Ocurre que tienen una buena decoración y la música apropiada, los mozos están bien vestidos, el barista tiene la barba y los tatuajes de reglamento, y los cuadros en la pared y el arte están de acuerdo con lo que se espera de una tienda de café, pero resulta que los que están allí no saben tratar bien al grano de café y no saben hacer un expreso de la manera correcta.

Yo pienso que esto es de lo más frustrante que hay en el mundo. ¿Por qué? Porque parece obvio que esta cafetería ha copiado todo lo que creía que era esencial, copió la decoración, copió la moda del momento, vio tendencias en Pinterest, vio otras cafeterías y copió todo lo que pensaban que sería útil, pero se perdió lo que realmente es esencial e importante al no saber extraer un buen café de aquellos granos. Ni la decoración, ni la vestimenta, la música o el ambiente son más importantes que el café: en una cafetería, el café es su razón de ser.

Creo que esto mismo es lo que ha ocurrido con tantas iglesias: ¡cuántas veces hemos ido a una iglesia que tiene el aspecto correcto, los instrumentos correctos, las luces correctas, la vestimenta correcta, el lenguaje correcto, las sillas correctas y hasta la pantalla correcta, pero cuando te sientas a escuchar el mensaje es el mismo viejo mensaje de manipulación, de condenación; ese mismo y viejo mensaje que ha producido el mismo viejo fruto!

Entonces aquí es donde yo quiero aterrizar un poco algunas ideas. Hoy en día tenemos las redes sociales y tenemos más facilidades que nunca para observar, ver y copiar todo lo que sentimos que deberíamos copiar, pero creo, lamentablemente, que muchas veces terminamos copiando lo equivocado, terminamos copiando el aspecto pensando en que eso es lo que traerá los cambios que esperamos. Dejamos de usar la corbata para usar los *jeans,* dejamos de usar un púlpito grande para usar uno más pequeño, cambiamos el escenario y hasta implementamos luces nuevas. Todos esos son cambios que a mí en lo personal me agradan y por los que estoy a favor, pero lo primero que deberíamos copiar no es el modelo ni el entorno sino el mensaje. No se trata de la tienda, sino

lamentablemente muchas veces terminamos copiando lo equivocado

Ctrl   C

Ctrl   V

del café; no es la apariencia, sino la esencia lo que hace la diferencia. El principio que descubrimos aquí es que *el mensaje es aquello que produce el modelo,* y no al revés.

Usando la analogía del café, es el café el que produce el ambiente de aquella cafetería y no al revés; el buen aspecto de una cafetería no es lo que produce un buen café; más bien, es el buen café el que produce un buen aspecto. Suena raro decirlo, pero cuando lo trasladamos al ámbito de la iglesia es exactamente igual: no es el aspecto o el modelo de iglesia el que produce el mensaje, sino que es el mensaje el que lo produce

Otra forma de decirlo tiene que ver con lo que hablamos en el capítulo anterior: el deporte determina el aspecto del espacio y determina el tamaño del estadio. Un deporte como el básquetbol tiene una cancha diferente a la del fútbol, del béisbol o del tenis. El deporte en sí determina la forma y tamaño de la cancha, y de la misma forma el mensaje determina el modelo. Y si no te gusta el modelo de iglesia que tienes ahora, entonces cambia el mensaje.

No es la ≠ apariencia, sino la esencia lo que hace la diferencia

¿Qué estás predicando hoy? No me refiero a lo esencial del mensaje, es decir, que Jesús es Señor, que somos salvos por gracia y demás, no hablo de eso; me refiero a *cómo* estamos entregando ese mensaje. Cuando hablo de cambiar el mensaje, estoy refiriéndome a que cambiemos ese mensaje de condenación y entreguemos un mensaje de gracia, porque cada mensaje produce diferentes frutos.

Hace muchos años atrás, cuando mi padre visitó por primera vez la iglesia Hillsong en Australia, él cuenta que vio una iglesia magnífica de la que ya había oído hablar; también había escuchado de Brian Houston y se había encontrado con él en diferentes conferencias, pero cuando llegó se quedó impresionado de lo que estaba viendo, impresionado con la calidad de gente que servía allí, con el ambiente de fe que se percibía y con lo cálido y amorosos que eran. Empezó a observar todo el fruto visible, y dijo: «Yo quiero una iglesia así, una iglesia que alabe a Dios de todo corazón, una iglesia que realmente respire vida, una iglesia donde se pueda respirar relevancia y gracia».

Él vio cómo se vestían, cómo andaban y todo lo que usualmente vemos, y luego hizo algo que me parece una de las cosas más geniales que mi padre jamás haya hecho: en vez de copiar la ropa, la música y las luces, compró todas las prédicas que pudo de Brian Houston, y durante su viaje de retorno a Lima escuchó los mensajes. Luego, se tomó dos años predicando casi las mismas prédicas de Brian Houston (obviamente que las «tropicalizó» y las convirtió en su mensaje), y cuando le pregunté por qué lo había hecho así, me respondió: «Es que yo vi el fruto en su iglesia, y yo quería el mismo fruto en la mía. Vi lo que ellos tenían, y quise obtener los mismos resultados». Entendió y supo que el mensaje produce el modelo, y también entendió que, al cambiar el tono y el énfasis del mensaje aplicando ese mismo espíritu, vería frutos.

Si pudieron producirse estos frutos en Australia también podrían producirse en Lima. ¿Por qué? Porque el mensaje de la palabra de Dios hace la obra; no es lo externo lo que cambia el interior, es lo interior lo que cambia lo externo. Lo que quiero enfatizar es que debemos ser creativos para entender que el mensaje es lo esencial y que este, al mismo tiempo, produce lo periférico. Dejemos de copiar lo periférico, no nos empeñemos en copiar todo el fruto; en lugar de eso, sembremos la semilla que produce ese fruto que deseamos obtener.

si no te gusta el modelo de iglesia que tienes ahora, entonces cambia el mensaje.

sección

03

¿QUÉ ES lo que hace una iglesia creativa?

Todo aquel que resuelve problemas es creativo.

CAPÍTULO 11

compartir

Yo creo que la creatividad es uno de esos conceptos que más se malinterpretan, y aquí quiero plantear una definición muy útil de lo que es *creatividad*. En mi opinión, no es sinónimo de *lo artístico* (si uno es más artístico no por ello es más creativo), y creo que vale la pena distinguir entre estas dos palabras y clarificar estos dos conceptos.

Déjame explicarte por qué lo uno no es lo otro. Uno puede ser artístico sin ser creativo, y puede ser creativo sin ser artístico; ahora, que uno pueda ser creativo y artístico al mismo tiempo es posible, y lo afirmo al ciento por ciento. Creo que ambos se complementan en gran manera: uno puede ser extremadamente creativo y artístico a la vez, y cuando ambas características se entrelazan es donde la magia ocurre, pero para poder entender cómo se entrelazan, primero tenemos que entender qué significa ser *creativo*. Esta es la mejor definición que he encontrado: *la creatividad es resolver problemas*.

Todo aquel que resuelve problemas es creativo. Esto es clave, porque aquí nos damos cuenta de que aunque no eres artístico puedes ser creativo; incluso, yo argumentaría que todos somos creativos, ya que todos tenemos la oportunidad de crear soluciones a problemas que tenemos a nuestro alrededor.

También creo que hay mucha gente que nunca podrá tener *lo artístico*, que no tiene una chance de poder crear arte o de hacer algo digno de ser llamado arte; no tiene una sola célula artística en su cuerpo pero como dije antes, todos podemos ser creativos y resolver problemas. Entonces aquí vienen la reflexión y la pregunta: si creativo es aquel que resuelve problemas, y si estamos leyendo un libro sobre la iglesia creativa, entonces ¿cuáles son los problemas que deberíamos resolver?

Aquí es donde nos haría bien recordar lo que mi padre escribió en *La iglesia relevante:* «Ser relevantes es rascar la picazón, y ser irrelevantes es rascar donde no pica». No hay nada más frustrante que alguien tratando de rascar la picazón de tu espalda en el lugar equivocado. Si ser relevante es rascar la picazón, debemos entonces identificar el problema que deberíamos solucionar. La pregunta aquí es: ¿cuáles son las *picazones* de nuestra ciudad? ¿Cuáles son las *picazones* de nuestro entorno?

Por ejemplo, una picazón muy común son las familias. Hay muchas familias que tienen problemas para ser fuertes y saludables, otras donde el matrimonio no anda bien o donde los hijos no andan bien, entonces creo que una solución creativa es descubrir cómo rascar mejor la picazón para que puedan tener herramientas y ser fortalecidos.

Podríamos hablar de muchas y diferentes picazones que la iglesia podría rascar, pero recordemos la definición de creativo que mencioné antes: Es aquel que resuelve problemas y no aquel que es más artístico. Entender este concepto es clave porque nos ayudará a quitar del medio muchos errores y distracciones que ocurren porque estamos enfatizando demasiado lo artístico, y esto nos hace perder la conexión con la gente; en vez de traer claridad estamos confundiéndolos.

Entonces, ¿qué es lo que hace una iglesia creativa? Una iglesia realmente creativa no es una más artística, sino una que se enfoca en resolver los problemas de la sociedad en la que está inmersa, y en traer respuestas y soluciones a aquella ciudad donde está establecida. Cuanto más activa es la iglesia, más bendecida será la sociedad a su alrededor, y lo genial de esto es que, al animar a las iglesias a que sean más creativas, nuestro entorno será más bendecido, porque una iglesia más creativa dará como resultado una sociedad bendecida.

Por esto, encontramos muchas iglesias que han recibido de Dios soluciones que han beneficiado el entorno de su ciudad, y déjame decirte que las respuestas que Dios le ha dado a tu iglesia quizás también sean útiles para mi iglesia, y viceversa. No sé por qué a veces tenemos una rara idea de no compartir lo que Dios nos ha dado; a veces pensamos que es solo para nuestra iglesia y que ningún otro puede «robarlo», y eso es como un celo... algo extraño.

En el capítulo anterior vimos que mi padre compró todas las prédicas que pudo de Brian Houston y las predicó por dos años. Creo que muchos que leyeron ese capítulo dijeron: «¡Wow, el pastor Robert se robó las prédicas y predicó los mensajes de otra persona!», y aquí es donde yo quisiera ir en contra de esa idea. Y es que la Palabra hace la obra y trae solución a los problemas de nuestra vida; la Palabra es creativa en su génesis, y la palabra que Dios le dio a Brian Houston es una palabra para ser compartida con el mundo entero. Si esa semilla de la Palabra funcionó para Hillsong Church, también puede funcionar para ti y para mí.

Si Dios te dio una palabra, esta también es digna de ser compartida a todo el mundo, y si esa semilla de la Palabra que Dios te dio produjo fruto en tu iglesia, también puede hacerlo en la mía. Creo que debemos ser más generosos con las soluciones que Dios nos ha dado.

Hay un principio que dice que la creatividad engendra creatividad. Yo soy más creativo cuando comparto y regalo las soluciones creativas que tengo, pero a veces nos pasa que queremos guardar por uno o dos años las ideas que Dios nos ha dado hasta encontrar la mejor oportunidad de usarlas (y donde solo yo pueda aplicarlas). Déjame decirte que cuando tú guardas algo para ti creo que eso corre el riesgo de echarse a perder, pero cuando tú usas lo que Dios te ha dado, cuando usas lo que Dios te ha regalado y lo compartes, Dios te dará más; entonces, seamos más generosos con las soluciones creativas que Dios nos ha regalado, ayudemos a otros también a resolver sus problemas sin costos y sin cabos atados y literalmente sin esperar nada a cambio.

Desde el comienzo de Camino de Vida como iglesia siempre hemos dado libremente todo lo que tenemos. Recuerdo que hace años, en la conferencia FIPAC, hacíamos un gran esfuerzo para traer cerca de dos mil pastores del interior del país; ellos recibían hospedaje, comida y transporte gratis durante una semana, a la vez que se enriquecían con la palabra de Dios que compartían los mejores expositores del mundo que traíamos para la conferencia (todo esto, sin costo alguno para los pastores participantes y sin pedir nada a cambio). Años después realizamos *Corazón,* una conferencia para pastores y líderes, para que fueran refrescados y tuvieran herramientas y respuestas a los problemas de la sociedad, y luego llegó el turno de la conferencia *La sal,* y el sentir de nuestra iglesia siguió siendo el mismo: ofrecer una conferencia para creativos y pastores, y así ayudarlos a solucionar los problemas que padecen en sus iglesias, soluciones para resolver los problemas técnicos, soluciones para lo artístico, soluciones que puedan ayudar a que la iglesia pueda ser más creativa. De igual manera sucede con las mesas redondas de *Haciendo iglesia:* allí no existe ningún interés de parte de Camino de Vida por extender nuestra red; al contrario, simplemente es un esfuerzo para que podamos crecer juntos, para que podamos ir aprendiendo los unos de los otros e ir puliéndonos para tomar pasos significativos y poder mejorar.

Entonces, si Dios te dio una solución que me beneficia, voy a tomarla y aplicarla en mi iglesia, y si yo tengo una solución que funcionó para mí y sé que va a funcionar contigo, voy a dártela con toda generosidad. ¿Por qué? Porque creemos en el poder de la unidad, porque creemos que si nos unimos como iglesias traeremos bendición al mundo que nos rodea.

Practiquemos el buen ejemplo que encontramos en 1 Corintios 3:6-8: «Mi tarea fue sembrar la semilla, y la de Apolos fue regarla; pero Dios fue el que permitió que germinara. Aquí el que vale no es el que plantó ni el que regó, sino Dios que hizo germinar la semilla. El que siembra y el que riega tienen la misma categoría, si bien es cierto que cada uno recibirá recompensa según la labor realizada». Aquí vemos que mientras Pablo sembró y Apolos regó, fueron otros los que cosecharon. De la misma manera, la iglesia es mejor cuando es creativa y generosa con su creatividad.

Entonces, la convocatoria está hecha: no es que debamos ser iglesias más artísticas, por el contrario, debemos ser iglesias más creativas. Y si podemos ser creativos y artísticos a la vez, aún mejor.

CAPÍTULO 12
sin distracciones

Estoy tan agradecido de que en el transcurso de los años, como Camino de Vida, hayamos podido aprender de tantas y diferentes iglesias. Sí, es cierto que hemos dado ayuda a muchas iglesias, pero de la misma manera y en la misma magnitud hemos recibido ayuda de otras; no me refiero a ayuda financiera (aunque de hecho es bienvenida), me refiero a ayuda de conocimiento, de ideas donde la creatividad de otros ha aportado al crecimiento de nuestra iglesia y nos ha beneficiado en gran manera.

Ahí es donde reinventar la rueda no tiene sentido y hasta es contraproducente. Recuerdo un año en el que hicimos el evento *The Global Leadership Summit,* la gran conferencia de liderazgo de la iglesia Lakewood, ocasión en la que Camino de Vida fue la iglesia anfitriona. En esta conferencia se pasaban videos de las mejores charlas del mundo, y en el primer año que pudimos realizar ese evento aprendimos tanto de ellos acerca de qué hacer y qué no que fue muy enriquecedor para nosotros.

Entre las cosas que experimentamos en aquel evento, lo que más me quedó grabado fue la lección que aprendí al tratar de cumplir con el *rider* (lista de requerimientos técnicos) que ellos estaban pidiendo (diferentes aspectos de tecnología, luces, pantallas, proyectores, etc.). Aunque buscamos por todo Lima, no encontramos disponibilidad de las luces que ellos solicitaban desde el primer día del evento sino que podríamos contar con ellas recién a partir del segundo día, por lo que yo pensé: «Ok, ¿cuál es el problema? No podremos tenerlas para el primer día pero sí podremos ofrecérselas desde el segundo, y esto es mejor que nada». Así que me acerqué a la productora con esta idea en mente, pero ella me dijo: «No, Taylor, mejor no, porque esto causaría demasiada distracción», y me explicó que cuando comienzas un evento estás determinando un estándar, y la gente que viene lo observa desde el primer día; luego, ese estándar se convierte en expectativa, y eso es bueno, porque ya no es distracción. Pero si tú en medio del evento cambias algo del estándar inicial, es decir, si añades esas luces nuevas que el día anterior no estaban, la gente se queda pensando: «¿Por qué añadieron estas luces? ¿Por qué cambiaron esto? ¿Por qué movieron esto otro?». A veces, ir cambiando algo en medio de un evento, con la buena intención de mejorar las cosas, termina distrayendo y perjudicando más de lo que podríamos estar beneficiando.

Esto ocurre también en un servicio dominical cuando, por ejemplo, el pastor que está predicando tiene sed y nos hemos olvidado de dejarle una botella de agua junto al púlpito; el simple hecho de que alguien suba en medio de la prédica para acercar un vaso de agua al pastor genera más distracción en la gente que beneficios, y con la mejor intención de querer ayudar terminamos perjudicando el propósito en vez de impulsarlo.

Con el equipo creativo de Camino de Vida hemos llegado a una conclusión: el servicio más creativo que podríamos realizar en nuestra iglesia no es un servicio más artístico, con más canciones o más especiales, ni con más reflectores y mejores luces, sino más bien uno que sea sin distracciones.

Si puedes hacerlo de manera muy creativa, has logrado llegar a la meta.

Por ejemplo, cuando vamos al cine, no estamos fijándonos en todos los detalles del sonido, no salimos de la sala diciendo «¡Wow, qué buena ecualización de sonido tenía esta película, el sonido fue impecable!»; no hacemos esos comentarios porque el buen sonido es invisible, no trae distracción y más bien es imperceptible. Por el contrario, cuando notamos el sonido es porque algo está mal (los domingos recién nos damos cuenta de que existe un sonidista en la iglesia cuando escuchamos algún acople o sonido raro, o cuando los micrófonos no funcionan, y cuando eso sucede giramos nuestras cabezas hacia la cabina de sonido para hacerle señales a la persona que está sentada junto a la consola). El buen sonido es imperceptible, y el mal sonido llama la atención.

Creo que es aquí donde tenemos que entender que la única razón por la cual hacemos un servicio dominical de forma creativa es porque queremos exaltar la Palabra, que es la que finalmente hace la obra; no queremos quitar o robar la Palabra, por eso pintamos el auditorio de negro e iluminamos sobre la plataforma para poner todo el enfoque ahí donde la Palabra está haciendo expuesta, o tratamos de tener el mejor sonido posible. La meta es lograr tener la menor distracción posible, por eso los asientos están colocados en una configuración específica, los ujieres están posicionados en lugares estratégicos, y aun la posición del equipo de alabanzas está pensada para lograr el objetivo principal, que es llevar la palabra de Dios a cada corazón.

Ahora, esto no significa que estoy en contra de crear momentos artísticos dentro de un servicio, por el contrario: si el momento artístico impulsa el objetivo, estoy totalmente a favor de ello, pero muchas veces una danza aporta distracción en vez de añadir al propósito principal, lo mismo que un teatro en medio del servicio. A veces, un especial de canciones o hasta un video en particular causa más distracción que beneficio y no impulsa el propósito de que la Palabra sea acentuada, con el fin de que sea más eficaz. No digo que no debamos ser artísticos en la iglesia, pero si vamos a hacer algo artístico, que esto aporte algo al propósito del servicio.

Un ejemplo de por qué lo artístico a veces no funciona es que no todos somos buenos en eso: a veces, cuando alguien canta nos causa más estrés que deleite. Escuchaba hace un tiempo un *podcast* de Alec Baldwin, un actor muy conocido de Hollywood, que se llama *Here's the thing* (en español se traduce como «Esta es la cosa») donde recibe a diferentes personajes; cierta vez entrevistó a una cantante de ópera, y lo que él comentó fue una de las cosas más curiosas y fascinantes que yo haya escuchado. Alec le dijo a su invitada: «Tú tienes la habilidad de relajarme, la habilidad de causar que yo pueda descansar en mi asiento mientras te escucho; en cambio, hay otros cantantes de los que soy un verdadero fanático pero que cuando cantan me siento tenso todo el tiempo, porque en algunas canciones me hacen dudar acerca de si llegarán o no a dar la nota. Entonces me paso todo el tiempo pensando: "No sé si llegará, no sé si llegará", y recién cuando llegan a la nota, es como que digo: "Sí, lo logró, pensé que no lo lograría". Pero ocurre que cuando te escucho a ti, estoy seguro de que vas a llegar a la nota, ya sé que tú vas a sorprenderme gratamente, sé que vas a maravillarme con tu arte, entonces me relajo y me dispongo a recibir todo lo que tienes para ofrecerme».

Creo que esa es la meta de todo servicio creativo, el de no estresar a las personas, el de no hacerlos sufrir en sus asientos pensando «No creo que lleguen... Ojalá que lo hagan... Sí, menos mal que lo hicieron». Hagamos lo que hagamos, que lo que aportemos pueda deleitar, porque al deleitar causamos que la gente pueda disfrutar de la palabra de Dios en sus corazones.

El estrés es algo curioso porque causa que el cuerpo se cierre, pero el deleite causa que el cuerpo se relaje. Es difícil que alguien reciba algo cuando está tenso, pero cuando está disfrutando relajado es más probable que disfrute lo que recibe. Cuando algo nos distrae, eso causa que nos cerremos, pero cuando recibimos algo sin distracciones es maravilloso, nos abre a toda posibilidad de lo que el Espíritu Santo quiere hacer en la vida de alguien ese día.

Entonces, ¿qué es lo que hace una iglesia creativa? Elimina toda distracción posible, quitando todo lo que roba a la Palabra, para dejar que ella haga la obra en el nombre de Jesús.

¿Qué es lo que hace una iglesia creativa? Elimina toda distracción posible, quitando todo lo que roba a la Palabra, para dejar que ella haga la obra en el nombre de Jesús.

JESÚS

¿Qué es lo que hace una iglesia creativa? Elimina toda distracción posible, quitando todo lo que roba a la Palabra, para dejar que ella haga la obra en el nombre de Jesús.

CAPÍTULO 13

Pequeños deleites

Cirque du Soleil realiza las más exquisitas producciones de entretenimiento y teatro del mundo. Ellos literalmente han cambiado el concepto de lo que significa ser un circo. Uno de mis actos favoritos se llama *Ne me quitte pas*, donde un personaje vestido con un llamativo traje azul (una especie de payaso sin maquillaje) pretende hacernos creer que está cantando la canción que lleva el nombre de la obra, cuando es muy obvio que solo está fingiendo y haciendo *playback*.

Al inicio de su acto él se encuentra bajo la luz de un potente reflector, el cual empieza a moverse lentamente, mientras que él —sin perder la compostura— trata de mantenerse todo el tiempo bajo la luz del reflector lo más dignamente posible. Conforme va avanzando la canción, el haz de luz se aleja de él a mayor velocidad, provocando las risas del público, y en su afán de permanecer siempre bajo la luz del reflector empieza a perseguirlo por todo el escenario, mientras hace su mayor esfuerzo por aparentar que todo está bajo control. El haz de luz sigue moviéndose, y ahora se apaga en un lugar del escenario y se prende en otro; todo esto provoca que el personaje aparezca en los lugares más inesperados persiguiendo a la luz: desde el rincón más alejado del circo a estar sentado sobre las piernas de un espectador que está en las primeras butacas, luego aparece entre unos cables, y finalmente arrastrándose por el escenario para estar siempre bajo la luz de ese reflector. Es súper chistoso, pero tan exquisito y divertido a la vez, que les recomiendo puedan verlo.

Podríamos pensar por qué esto deleita tanto si es algo tan sencillo, y es porque lo que nos deleita en la vida son las sorpresas, son aquellas cosas inesperadas, y lo inesperado siempre causará deleite. ¿Cuántos recuerdan alguna anécdota familiar que fue inesperada y que provocó momentos divertidos en la familia? Quizás fue algo que la abuela dijo de forma inesperada, quizás fue tu mascota haciendo algo chistoso, quizás algo que sucedió en las vacaciones.

Yo puedo recordar diferentes momentos en la iglesia que nos deleitaron y que no fueron momentos planeados. Por ejemplo, recuerdo el día cuando, a mitad de un servicio, las típicas sillas plásticas de color blanco recién compradas no soportaron el peso de algunas personas: de repente sus patas se abrieron, provocando que en primer lugar una persona cayera al piso, casi al instante otra más, y luego otra, y otra. Para ese entonces todos estábamos en carcajadas, porque de una manera inesperada las sillas se abrieron debajo de las personas. Fue un deleite ver aquella escena.

Ahora bien, tú podrías decir que recién acabamos de hablar acerca de quitar distracciones y luego estoy mencionando momentos de distracción. ¿Sabes por qué? Porque en este capítulo quiero hablar sobre el poder y el deleite de añadir distracciones. Ya que hemos quitado del medio todas las distracciones que perjudican el mensaje del domingo, ahora podemos empezar a añadir aquellas pequeñas o grandes distracciones que sirvan al propósito y objetivo que tenemos para nuestra reunión.

Es tiempo de inyectar cosas que generen una distracción a nuestro favor, cosas que llamen la atención. Un gran ejemplo de esto sería una pared blanca con un pequeño punto negro en ella. ¿Qué es lo que llama más la atención: la pared blanca o el punto negro? Por supuesto, el punto negro. Si aprovechamos esto que llama la atención y lo ponemos en un lugar estratégico, uno donde queremos que la gente mire, eso ayudará mucho a nuestro propósito. En cambio, en una pared llena de puntos negros no causaría el mismo impacto que cuando había uno solo. Literalmente, dejó de ser eficaz, y tendríamos que hacer algo más grande o llamativo para captar la atención, lo que finalmente terminaría siendo una distracción que perjudicaría todo lo que queremos lograr.

Cuando todo es bullicioso, cuando todo es distracción, entonces nada es distracción, porque eso se vuelve lo común; en cambio, cuando no hay ninguna distracción y añades algo pequeño, eso que añades puede deleitar en gran manera. Algunos directores de películas son expertos en hacer eso, en eliminar las distracciones para luego añadirlas, y esto se ve reflejado cuando, en momentos clave de una película, para conseguir un objetivo en particular, el director logra romper lo que llaman *la cuarta pared* (término originalmente usado en teatro).

Explico un poco este concepto. Cuando estamos en algún teatro o cine tenemos tres paredes (la del fondo y las paredes laterales) que forman una especie de caja, por lo que la *cuarta pared* es, figurativamente hablando, la que separa al público —que observa de forma pasiva— de lo que ocurre en escena, hasta que de pronto, el personaje principal o protagonista, que está dentro de la acción de la película, se detiene, mira a la cámara, se dirige a ti y te habla, consiguiendo captar tu atención.

Realmente es algo que no debería hacerse porque causa distracción, pero si el director lo hace deliberadamente, puede ser una herramienta tremenda para avanzar con la narrativa de aquella historia. Lo vemos en muchas películas: desde *El rey león* hasta en *Aladino*, lo vemos en series como *Malcolm in the middle* («Malcolm el de en medio») o en películas como *Ferris Bueller's day off* (que en español fue titulada como «Todo en un día»). En estos ejemplos mencionados y en muchos otros, los protagonistas rompen la cuarta pared. Es una herramienta fascinante.

Algo inesperado podría ser categorizado como una distracción, pero al ser utilizado de manera creativa termina generando un gran deleite, a la vez que contribuye de forma poderosa a conseguir los propósitos establecidos. Esto también podemos hacerlo en la iglesia, podemos literalmente quitar toda distracción para luego añadir una o dos pequeñas distracciones o una grande para contribuir a potenciar la palabra de Dios; no es algo que debiéramos usar todo el tiempo, pero si lo hacemos, puede beneficiar mucho al mensaje que estamos tratando de transmitir.

Así se logra que la gente eleve su expectativa, que esté alerta, observando y pensando «¿Qué va a ocurrir el día de hoy? La semana pasada ocurrió esto inesperado, y esta semana, ¿qué ocurrirá?»; y no es que tenga que pasar algo cada semana, pero como la semana pasada sucedió algo inesperado, esta semana vendrá con los ojos y oídos más abiertos que nunca, y con un corazón disponible, abierto y con expectativa para ver qué ocurre hoy.

Cuando empezamos a hacer nuestro servicio de domingo en la noche lo llamamos *Noche CDV*, y para poder crear *momentum* y expectativa empezamos a declarar que ese servicio en particular sería diferente. El ejemplo bíblico que tomamos como referencia fue cuando Jesús, luego de resucitar,

102

vino a los discípulos que estaban reunidos en una casa. En ese momento, Tomás no se encontraba con los discípulos. ¿Puedes imaginarte a Tomás perdiéndose ese gran momento, no estando presente cuando Jesús se les apareció a sus discípulos? Por eso, cuando pensamos sobre nuestro último servicio del domingo, acuñamos esta frase: *Noche CDV, donde cualquier cosa puede pasar.*

No teníamos el compromiso de que cada domingo pasaría algo inesperado, pero probablemente algo iba a ocurrir, entonces comenzamos a inyectar aleatoriamente pequeñas distracciones los domingos por la noche. Recuerdo con mucho cariño cuando una noche, en lugar de que el equipo de alabanza subiera a la plataforma luego del acostumbrado conteo regresivo, quien subió fue uno de los guitarristas y empezó a tocar un *blues* clásico y contagioso; la gente inmediatamente empezó a palmear al ritmo de la música, disfrutando de ese momento, cuando de repente mi padre subió al escenario, sacó una armónica y empezó a tocar acompañando la melodía de la guitarra. Eso fue épico, increíble e inesperado para todos los que estaban presentes esa noche, porque nadie sabía —en todos los años de Camino de Vida— que mi padre tocaba la armónica. Realmente fue un deleite, la gente habló por semanas de aquella noche, y muchos de los que no asistieron terminaron lamentándose por no haber estado aquella noche.

En una ocasión, en vez de hacer una prédica, armamos una especie de foro donde nos sentamos a dar respuestas a diferentes preguntas de la gente; en otra ocasión empezamos con la prédica y terminamos con las alabanzas. ¿Adónde estoy yendo con todo esto? A que utilicemos esta herramienta de añadir distracciones para crear deleite, para hacer de algo monótono algo memorable, de abrir puertas de expectativa para que la gente venga con los ojos y oídos bien abiertos, con la noción de que aquí puede ocurrir algo diferente. Como creativos tenemos el poder de quitar distracciones para poder inyectarlas cuando sea necesario, con el único propósito de que el mensaje de la palabra de Dios haga su obra.

La expectativa creada genera apertura en los corazones de las personas para que la palabra de Dios pueda entrar. Entonces, una vez más, quitemos distracciones, pero luego incluyamos algunas de vez en cuando para que eso cause un gran efecto y podamos cumplir nuestro propósito.

CAPÍTULO 14

«Tropicalizar»

En el capítulo anterior mencioné lo que Cirque du Soleil hizo con su especial de *Ne me quitte pas*. Fue tanta la risa que causó entre el equipo creativo que fuimos tentados a hacerlo, y con Francisco Luna (encargado de la dramaturgia en Camino de Vida) nos propusimos copiar totalmente esa escena para una de nuestras conferencias *La sal*. Ahora, tu podrías decirme: «Pero Taylor, *La sal* es una conferencia creativa, y ustedes están copiando de otra persona, no están siendo originales, sino que literalmente están plagiando. ¿Cómo es que ustedes pueden llamarse "creativos" si están copiando?».

Aquí quiero comentarle de qué va este capítulo, y es que ser original es literalmente imposible. Trata de ser original en algo y te aseguro que vas a fallar, porque nada es original; incluso hay varios documentales que muestran con evidencias que finalmente todo es un *remix,* donde todo se construye encima de lo que fue anteriormente y que nada es original. Y el que persigue y trata de ser original siempre va a fallar. Es como tratar de reinventar la rueda, y yo me pregunto: ¿para qué quieres tener tu propia rueda?

El rey Salomón, con toda sabiduría, dice en el libro de Eclesiastés que no hay nada nuevo bajo el sol (esta verdad lleva escrita siglos, pero sigue siendo cierta hoy), y después de él, personas más inteligentes que nosotros han llegado a esa misma conclusión, de que nada es original y que no hay nada nuevo bajo el sol. Aquí es donde quiero establecer este principio para los que queremos tener iglesias creativas: *es imposible ser original, pero sí es posible ser auténtico.* De hecho, esa es la meta: llegar a ser auténticos. Por eso, cuando reprodujimos el especial de *Ne me quitte pas* del Cirque du Soleil en Camino de Vida, con Francisco como el protagonista, al final no terminó siendo una copia —aunque nos inspiramos en ello— sino que lo que resultó terminó siendo totalmente auténtico.

Si conoces a Francisco, puedes estar seguro de que eso fue algo totalmente auténtico. Es que ser auténtico no es ser original; ser auténtico es tomar y aprender de otros, es tomar lo que otros han hecho y aplicarlo a tu contexto. Incluso tenemos una palabra para describir esta acción: aquí en Perú decimos que lo «tropicalizamos», lo convertimos en algo nuestro, le ponemos nuestra sazón y lo regresamos de vuelta. Al realizar este tipo de prácticas, a veces vas a poder notar el original y de dónde proviene, pero con tal de que respetes su origen y no lo atribuyas como algo tuyo, está bien. Pero cuando lo tomas como tuyo y no das crédito al original, eso sí es incorrecto, y ahí es donde está cometiéndose una falta ética.

Hoy en día en muchas iglesias tenemos la misma liturgia, la misma forma de hacer alabanzas, la misma forma de hacer anuncios, la misma forma de hacer ofrendas, de hacer las prédicas y de hacer el llamado; eso no es algo nuevo, es algo nuestro, es algo que compartimos con muchas iglesias por igual. Todos decimos «Bienvenido a casa», y muchos quizás lo hacen sin entender qué significa.

Como todos lo hacemos, en este caso no somos originales, pero sí somos auténticos. Sería tonto tratar de hacer un servicio de forma original y tratar de reinventar la rueda. ¿Por qué? Porque la forma de hacer liturgia de esta manera funciona, y muy bien. No hay razón para tratar de crear algo solamente por el hecho de ser originales, pero sí lo que deberíamos tratar de hacer siempre con nuestros servicios es ser auténticos, tratando siempre de ser particulares, y eso se logra tomando los mismos ingredientes y aplicando tu propia sazón a ellos.

Aquí voy a poner como ejemplo la comida (creo que con ella podremos aprender varias lecciones). Desde hace unos años, la comida peruana ha llegado a ser una de las más exquisitas, celebradas y alabadas del mundo, e incluso en estos últimos años hemos tenido algunos restaurantes en Perú que se han ubicado en el *top ten* mundial. Se dice que Francia es la capital culinaria de Europa y que Perú es la capital culinaria de Sudamérica; obviamente que tenemos grandes gastronomías en diferentes países, pero por alguna razón la comida peruana es una de las más exquisitas.

Lo que hace tan especial a la comida peruana es el aporte de las diferentes culturas que emigraron al Perú, de aquellos que llegaron de África y de Asia en su mayoría. Estas dos culturas, la africana con su cocina lenta y la asiática —la china en particular, con su wok sobre fuego vivo— con su sazón y la forma como tratan el pescado, nos hablan mucho de lo que es la comida peruana. Además de eso, los aportes de las regiones del norte, centro y sur, junto a la costa, la sierra y la selva del Perú, hacen que al mezclarse con las culturas africana y asiática, se obtenga una fusión de sabores y colores que deleitan el paladar de aquellos que la consumen.

107

Lo que quiero explicar es que la comida peruana no es tan original como parece, pero sí es muy auténtica. Un ejemplo de esto es el famoso *lomo saltado,* una de las comidas más emblemáticas del Perú, pero que en su génesis era una comida muy asiática, al igual que otros platos típicos. La razón por la que la comida peruana emociona es porque sigue en transición, no es estática, va evolucionando y continúa en constante desarrollo: puedes comer arroz chaufa de cien diferentes maneras, puedes comer ají de gallina de otras tantas formas, y esto es así porque la comida peruana sigue en

es imposible ser original, pero sí es posible ser auténtico

Cuando tratamos de ser originales estamos diciendo que no dependemos de nadie, cuando la pura verdad es que dependemos de todos.

fusión. En cambio, cuando uno observa a otras gastronomías, estas ya están estáticas: por ejemplo, la comida italiana, donde una lasagna es una lasagna (sé que hay variaciones y que puede ser de carne o verduras, pero una lasagna es una lasagna), un ravioli es un ravioli, y lo mismo sucede con la salsa bolognesa.

El famoso y reconocido chef italiano Massimo Bottura, uno de los mejores del mundo, cuenta en uno de los capítulos de la serie de Netflix *Chef's Table* que cuando empezó su carrera culinaria abrió su restaurante con la intención de crear platos nuevos, presentar un nuevo menú y reinventar la comida italiana, pero la comunidad culinaria italiana empezó a rechazar lo que él estaba haciendo, e incluso querían expatriarlo, porque les parecía que lo que estaba haciendo iba en contra de la cultura italiana, que iba en contra de lo establecido y en contra del estándar.

De hecho, esto es fascinante, porque la comida italiana en algún momento se volvió una gastronomía estática, se quedó estancada, cuando al inicio nació de la fusión de diferentes culturas. Por ejemplo, la pasta no es nativa de Italia, sino que viene de China: se dice que Marco Polo trajo los fideos y la pasta por primera vez a Italia y eso se volvió emblemático, al ser combinado con los tomates que venían del Nuevo Mundo. Cuando vemos esto, entendemos que la comida y la gastronomía italiana nacieron de la fusión de otras influencias, pero en algún momento esto se frenó y alguien dijo: «La comida italiana es lo que es, hasta aquí llegó, nadie más puede tocarla o experimentar con ella». Y al igual que la italiana, la comida peruana también es una comida en fusión, pero esta sigue estando en progreso.

Cuando observamos que nada es original, que todo es un *remix*, que todo proviene de algo anterior, entonces nos damos cuenta de que todo lo que hacemos puede ser auténtico y peculiar. Michael Jackson es un buen ejemplo de esto: luego de triunfar de niño con *The Jackson's Five,* avanzando en su carrera y en la búsqueda de hacer algo auténtico y revolucionario (todos pueden recordar la canción *Billie Jean* y el famoso paso *moonwalk* o «caminata lunar»), fue inspirado por otro artista, llamado Bob Fosse (esto se puede apreciar en un video en Youtube, donde se ve a Bob Fosse bailando en el desierto de una forma improvisada y haciendo los mismos pasos de Michael Jackson). Al verlo, uno pensaría que se copió de Michael Jackson, pero no es así, porque esto sucede muchos años antes de que Michael Jackson se reinventara y saliera con su nuevo estilo de bailar.

Cuando Michael vio a Bob Fosse, él se inspiró, lo tomó, lo usó, lo reinterpretó y lo hizo suyo. Algunos podrían decir que Michael Jackson no es original, pero nadie argumentaría que Michael Jackson no es auténtico: ¡es Michael Jackson!

Entonces, mi oración es que como iglesia podamos entender que no somos creativos cuando tratamos de reinventar la rueda, porque el tratar de ser originales es un tema que tiene que ver con el orgullo. Cuando tratamos de ser originales estamos diciendo que no dependemos de nadie, cuando la pura verdad es que dependemos de todos.

Les (nos) insto a tomar las palabras de Salomón cuando declara que no hay nada nuevo bajo el sol, para que podamos literalmente tomar, aprender y crecer desde el esfuerzo de tantos otros que han estado antes que nosotros, y que podamos seguir aprendiendo, copiando y tomando como recursos lo que otros han hecho, «tropicalizándolo» y adaptándolo a nuestra cultura y entorno, haciendo todo lo que hacemos de una manera auténtica.

Porque la iglesia creativa no hace lo original, pero siempre hace lo auténtico.

CAPÍTULO 15
sintonía fina

Hay un fenómeno que ha ocurrido en el pasado, ocurre en el presente y seguirá ocurriendo en el futuro. Este fenómeno se llama *descubrimientos múltiples*. Se denominan así los descubrimientos o inventos significativos que se producen exactamente al mismo tiempo, sin que los inventores o quienes lo hicieron se conozcan entre sí, y sin saber que otra persona estaba trabajando simultáneamente sobre lo mismo. Se sabe que en el siglo XVII Isaac Newton inventó lo que en matemática se denomina el cálculo infinitesimal, al mismo tiempo que Gottfried Wilhelm Leibniz, y también que en 1876 Alexander Graham Bell y Elisha Gray presentaron el mismo día y de forma independiente sus patentes por el invento del teléfono. Otro ejemplo más sobre los descubrimientos múltiples es el que ocurrió en 1879, cuando de forma simultánea pero independientemente, el norteamericano Thomas Alva Edison y el británico Joseph Wilson Swan presentaron al mismo tiempo la patente de una bombilla incandescente.

Por extraño que parezca, esto también ocurre en diferentes esferas de la vida: en el cine, en las novelas de algunos escritores, en la ciencia, en la tecnología, etc. Si alguien tiene una idea nueva sobre algo, es muy probable que otra persona en otra parte del mundo haya tenido la misma idea en el mismo y exacto tiempo. Otra palabra para describir este fenómeno es el *zeitgeist,* expresión del alemán que significa «el espíritu (*Geist*) de un tiempo (*Zeit*)», y se refiere al clima intelectual y cultural de una era. Yo creo que todos estamos respirando cosas similares al mismo tiempo, que vemos y experimentamos las mismas situaciones a la vez, y debido a ello mucha gente sale inspirada por lo mismo.

Como mencioné en el capítulo anterior, ser original es difícil o imposible. ¿Por qué? Porque hay personas que ni se conocen, pero que tienen la misma idea al mismo tiempo y sin copiarse. Creo que el *zeitgeist* es palpable hoy más que nunca, y esto es debido a la globalización que vivimos. Hoy en día todos vemos Pinterest, tenemos una cuenta de Netflix, consumimos los mismos medios sociales y alrededor del mundo suenan las mismas canciones. La forma veloz en la que vivimos hoy y los múltiples descubrimientos e inventos simultáneos que percibimos a nivel mundial han logrado que el espíritu de la era, el *zeitgeist,* sea el mismo en todo lugar. De nuevo, la globalización tiene mucho que ver con esto.

Ahora, yo creo que el *zeitgeist* y los *descubrimientos múltiples* son palabras seculares para describir lo que Dios está haciendo alrededor del mundo hoy. La revelación de Dios hacia nosotros siempre es constante y progresiva, siempre está hablándonos, siempre está revelándose, siempre está mostrándose, y lo que está diciendo bendecirá a aquel que quiera tomarlo, sea que lo reconozca como su seguidor o no.

Yo creo que los inventos que hoy disfrutamos no son seculares; más bien tenemos que entender que todo proviene de Dios. Me encanta la idea de un Dios que habla a la humanidad en una frecuencia abierta, siempre buscando a quien esté dispuesto a sintonizarse, así como sucede con esas antiguas radios de perillas en las que hay que girar lentamente para encontrar la señal que está siendo emitida. Lo que quiero decir es que Dios siempre está emitiendo en una frecuencia abierta que todos pueden sintonizar, y la va cambiando según le place, y es por esa razón que muchas veces nos quedamos con la frecuencia antigua y ya no podemos oírlo.

Esto es similar a un instrumento que debe ser constantemente afinado: cada vez que tocas las cuerdas de una guitarra, aunque al inicio estén afinadas, con el tiempo terminarán desafinándose. Esto tiene que ver con la *entropía*, que es la segunda ley de la termodinámica, que expresa que todo va del orden al desorden; por eso, ojalá siempre tengamos la necesidad de buscar esa frecuencia que Dios está emitiendo, de buscar su Palabra, de perseguir su presencia y oír su voz.

Me fascina este texto de Colosenses 1:16-19 que dice:

> *Cristo mismo es el creador de cuanto existe en los cielos y en la tierra, de lo visible y de lo invisible, y de todos los seres que tienen poder, autoridad y dominio; todo fue creado por medio de él y para él. Cristo ya existía antes de todas las cosas y, por su poder, todas subsisten. Él es la cabeza de ese cuerpo suyo que es la iglesia. Él, que es el principio, fue el primero en resucitar, para ser en todo siempre el primero. Porque Dios quiso que en el Hijo habitara toda su plenitud.*

113

Aquí se nos dice que todo fue creado por Jesús, a través de Jesús, y que además únicamente en Jesús todo resulta coherente. La razón por la cual como humanidad siempre debemos estar girando la perilla para sintonizar a Dios y buscar más de él es que solo en Jesús todo tiene sentido.

Creo que la alabanza es el gran regalo que Dios nos ha dado para ser usado como un instrumento que nos ayude a sintonizarnos a su corazón. Cuando alabamos, la palabra de Dios es declarada; mientras alabamos y buscamos más de él, Jesús va tomando nuestras vidas y afinándolas poco a poco.

Hace algunos años, estaba con mi auto detenido en medio del tránsito sin poder avanzar y empecé a irritarme, porque se me hacía tarde para llegar a una reunión importante. Con el paso de los minutos empecé a enojarme aún más con la gente que estaba en los autos cercanos (en verdad, no estaba portándome como un buen cristiano), y en ese momento sentí ese pequeño susurro dentro de mi ser; era el Espíritu quien me decía: «Hey, Taylor: alábame». Debo reconocer con vergüenza que mi respuesta en ese momento fue: «No tengo ganas, no quiero alabarte; ¿cómo voy a alabarte ahora? ¡No, estoy molesto con el tráfico!». Obviamente, el Espíritu insistió y me dijo: «No me importa, alábame ahora», a lo que respondí: «Okay, te alabaré cuando llegue a mi destino».

Una vez más el Espíritu me insistió: «No quiero que me alabes cuando llegues, quiero que me alabes mientras llegas». Entonces, literalmente renegando con Dios y con el tráfico, puse unas canciones y empecé a alabar a Dios en mi auto, aunque seguía medio enojado y peleándome con todos. La escena que sigue a continuación es cómica, porque yo estoy ahí cantando *Santo, Santo, Santo* mientras sigo renegando con el tráfico, y sigo cantando *Digno, Digno, Digno* mientras estoy tocando la bocina para que los demás autos avancen más rápido. Pero sabes, antes de que pudiera darme cuenta y de llegar a mi destino, de repente noté que el tráfico había cambiado, que todo mi entorno había cambiado y que mi espíritu había sido transformado por el regalo de las alabanzas y el poder de Dios.

Mientras escribo esto, viene a mi cabeza la imagen de un instrumento musical que necesita ser afinado; por ejemplo, una guitarra se afina cuando el músico gira las clavijas mientras escucha sus cuerdas, ya que no puede afinarlas si no las pulsa. Es necesario escucharlas para corregir el instrumento. Cada una debe ser afinada, una a una, de forma suave y metódica. Al inicio, la guitarra sonará pésimo, pero de repente todo será armónico y sonará perfecto.

Es que cuando alabamos a Jesús alabamos el nombre de Dios. A veces no tenemos ganas de hacerlo, sentimos que nuestra vida está en desorden, sentimos que estamos totalmente desfasados, pero cuando decidimos alabar a Dios, su Espíritu Santo empieza a girar las perillas de nuestra alma y de nuestro espíritu y va transformándonos poco a poco.

A veces decimos «No quiero ser hipócrita y alabar a Dios si no siento hacerlo», pero la verdad y el principio que descubrimos aquí es que no se trata de alabar a Dios solo cuando sientas hacerlo, sino que debemos alabar a Dios aun cuando estamos desafinados, y permitir que él nos afine. Alabanza es el acto de afinar nuestras vidas con Jesús, es girar la perilla para encontrar la frecuencia abierta que está siendo emitida por nuestro salvador, y cuando declaramos la alabanza declaramos la palabra de Dios, y la Biblia dice que Jesús sostiene a toda la creación por el poder de su palabra. Entonces, cuando tú y yo estamos declarando de su poder sobre nuestras vidas, nuestra perspectiva cambia por completo. Por eso, en Camino de Vida declaramos que todo es alabanza.

Mantengan vívidas en su memoria las enseñanzas de Cristo en toda su abundancia, y enséñense y aconséjense unos a otros con toda sabiduría. Transmítanlas a otros, con salmos, himnos y cánticos espirituales elevados al Señor con corazones agradecidos. Y todo lo que hagan o digan, háganlo en el nombre del Señor Jesús, y por medio de él acérquense a la presencia de Dios con acción de gracias.

Colosenses 3:16-17

Por eso decimos: «Dios, te alabamos con todo nuestro ser».

Ahora bien, ¿acaso Dios requiere alabanza? Absolutamente no: tú y yo somos los que necesitamos alabarlo a él. Es que cuando alabamos a Dios, no solamente él va afinando nuestras vidas, sino que además cambia nuestra perspectiva, cambia nuestra percepción; no es que el problema se vuelve más pequeño, simplemente Dios amplía nuestra perspectiva y nos hace darnos cuenta de que aquella cosa con dientes, aquel monstruo feo, realmente era una pulga que estábamos mirando con una gran lupa.

Cuando corremos a Dios permitimos que nuestra vida siga siendo afinada, él amplía nuestra perspectiva y podemos ver lo grande que es frente a lo pequeña que es nuestra circunstancia.

Lo fascinante aquí es que Jesús es como nuestro gran afinador, nuestro gran diapasón. El *diapasón* es un dispositivo metálico (generalmente de acero) con forma de horquilla, utilizado principalmente para afinar instrumentos. La verdad, hoy en día ya no se usa mucho, pero al golpearlo puedes afinar cualquier instrumento. Tú, yo y toda la creación podemos decidir oír ese hermoso sonido que proviene de Dios con el cual podemos afinarnos, o podemos decidir afinarnos por nuestra propia cuenta.

Se dice que cuando un violín queda afinado al diapasón principal de una orquesta, si se decide afinar un segundo violín tomando como referencia el primero, ambos violines van a estar en disonancia entre sí. Nuestra lógica nos dice que ambos deberían sonar de forma armónica, pero todo músico sabe que para que dos instrumentos estén en perfecta armonía el uno con el otro, ambos instrumentos deben afinarse a la misma fuente, es decir, al diapasón principal. Por eso,

La Iglesia Creativa

Jesús declara: «Yo soy el camino, la verdad y la vida, y nadie llega al Padre si no es a través de mí».

Aquí es donde quiero ir aterrizando este capítulo. Es que tantas veces nos equivocamos en cómo realizamos alabanza en la iglesia; la alabanza no es un *show* o un entretenimiento, no es el precalentamiento antes de un servicio, sino que la alabanza es esencial, es básica y todo es alabanza.

Cuando decidimos crear un ambiente de alabanza, sabemos que podemos cambiar la perspectiva de todos los que están en ese lugar; sabemos que Jesús está presente porque él declara que donde dos o tres están en su nombre allí está él, pero cuando hacemos de la alabanza un espectáculo ya no estamos conectando a la gente con el corazón de Dios, ya no estamos dirigiéndola hacia Jesús (hasta me atrevería a decir que estamos robándole a las personas la oportunidad de declarar con sus voces, con su corazón y con su espíritu quién es Dios), sino que estamos quitándoles la oportunidad de conectarse a la fuente de nuestras vidas.

El propósito de la alabanza no es la admiración, es la participación. La alabanza debe ser una invitación a las personas para que puedan participar en vez de solo admirar.

El pastor Gary Clark (Hillsong Londres) compartió algo que quedó impregnado en mi vida: él dijo que la famosa canción del feliz cumpleaños, el *happy birthday*, se canta alrededor del mundo y en diferentes idiomas, pero existen dos formas de hacerlo: podemos hacerlo como lo hizo Marilyn Monroe cantándole al presidente Kennedy —donde vemos que ella estaba haciendo un *show*, literalmente atrayendo miradas hacia ella— o podemos hacerlo de una forma en la que todos quieran y deseen participar.

LA ALABANZA DEBE SER UNA INVITACIÓN A LAS PERSONAS

PARA QUE PUEDAN PARTICIPAR EN VEZ DE SOLO ADMIRAR

LA
META
A
CUMPLIR
EN
LA
IGLESIA
ES
LOGRAR
CONEXIÓN

Aquí te comparto un dato curioso: se dice que las canciones de alabanza más cantadas de la historia, por un buen tiempo fueron canciones que salieron de los bares, a las cuales los creyentes le cambiaron la letra, es decir, utilizaron la misma melodía que cantaba la gente ebria pero con letras cambiadas. ¿Por qué sucedió esto? Porque en los bares, la gente cantaba sin importar si estaban afinados o entonados; solo importaba que estaban juntos participando de esa canción. Entonces, la meta a cumplir en la iglesia es lograr conexión. Como líderes de la iglesia debemos lograr que la experiencia de la alabanza sea un momento de participación, guiando a la gente hacia Dios; de esta manera, sus vidas estarán más afinadas al corazón de Jesús, sintonizándose cada vez más con él, afinándose a la misma fuente, al mismo diapasón.

Cuando las personas declaren la palabra de Dios con sus bocas, permitirán que él haga una obra en sus corazones, e inmediatamente la perspectiva cambiará. Allí es donde se hace realidad lo que se describe en Isaías 2:2 cuando vemos que el monte del Señor se levanta por encima de todos los otros montes y la gente dice: «Hey, vamos al monte del Señor porque allí van a enseñarnos cómo debemos vivir», y lo que yo veo es que la sociedad va a decir: «Vayamos a la iglesia, al monte del Señor, que allí van a enseñarnos cómo afinar nuestras vidas, para transformar nuestra disonancia en una perfecta armonía».

Entonces, iglesia, líderes y pastores, por eso es que debemos ser una iglesia creativa.

Un amigo mío, Whitney George, dice: «Si tú vas al concierto de U2 (la famosa banda irlandesa) disfrutarías de un impresionante espectáculo. ¿Te imaginas a ellos tocando en un estadio repleto, con las mejores luces, humo por todos lados, con un par de impresionantes pantallas led, con parlantes gigantes, y todos ellos vestidos de cuero y gafas oscuras?

Pero si U2 fuera a tu casa porque te ganaste un premio, y tocaran en tu sala para ti y tus tres mejores amigos, ¿cómo crees que sería esa experiencia? Seguramente no vendrían con el mismo *rider* del estadio ni con los mismos atuendos; lo más probable es que Bono (el líder de la banda) se aparezca con una guitarra acústica y un cajón peruano, se siente en tu sala y empiece a tocar sus canciones en un formato diferente. Seguramente no cantaría a todo pulmón como en uno de sus conciertos, sino más bien de forma íntima y con una tenue luz. Todo este cambio de formato tendría la finalidad de generar conexión con quienes están en su entorno».

Son tantas las veces en que he participado en reuniones de jóvenes de iglesias donde encuentro más gente sobre el escenario tratando de hacer música que en la audiencia, lugares donde la banda trata de emular algo que han visto antes en otro lugar o quizás en algún video, pero antes que tener a quince personas sobre el escenario mientras ocho están participando abajo preferiría mil veces un pequeño grupo de jóvenes sentados en círculo en el piso, con una guitarra acústica y cantando como si fuera una noche de fogata, porque de esa manera estarían mejor sintonizados con el corazón de Jesús.

Estoy aquí para decirte que hay que ser creativos y entender que eso no es algo malo, pero si no estamos conectando a la gente con Jesús estamos perdiendo el foco y equivocando el objetivo. Cuando nuestra perspectiva cambie, nuestros problemas se verán pequeños comparados con nuestro gran Dios y todo empezará a ser más coherente.

CAPÍTULO 16

Espacio deseable

En el mundo culinario, una de las cosas más apreciadas por todos es el *foie gras,* más conocido en esta parte del mundo como el famoso «paté de fuá». Yo nunca he sido muy fan del *foie gras,* específicamente porque se trata de hígado de ganso. ¿Y sabes qué? No quiero siquiera probarlo, pero dicen los entendidos que este paté, al ser agregado a otras comidas, logra que el sabor de esta se acentúe, haciéndola más deliciosa.

El problema con el *foie gras* es que la manera en la que se obtiene es muy controversial; muchos dirían —y concuerdo con ellos— que el proceso para crearlo es inhumano, nada ético y constituye un abuso contra los animales. Y la razón de esto es que para obtenerlo se utiliza una técnica llamada *gavage,* que consiste en sobrealimentar de manera forzosa a los gansos introduciéndoles por el pico un tubo de treinta centímetros de largo hasta llegar a su buche, logrando que su hígado crezca hasta diez veces más de su tamaño original, para, luego de un tiempo, sacrificar al ganso y extraer el preciado órgano. Este es un proceso abusivo, y tanto lo es que en muchas ciudades del mundo han prohibido que se venda el *foie gras;* es una comida deliciosa pero muy polémica a la vez, porque el proceso para llegar a aquella delicia es demasiado feo.

Por otra parte, en España existe una granja fundada en 1812 que lleva cuatro generaciones creando *foie gras* de un modo totalmente diferente, ético y más civilizado. Eduardo Souza, quien está a cargo de la misma granja que formó su tatarabuelo, dice que los gansos silvestres se llenan el buche de comida y engordan de forma natural e intencional, agrandando sus hígados con el fin de aguantar los largos viajes migratorios que tienen que realizar para huir del severo invierno europeo. En esta granja no usan esta técnica abusiva de alimentación forzosa; más bien han creado un ambiente dentro de la granja donde los gansos pueden comer las mejores delicias y andar libremente. Incluso, hasta el cerco que tienen es uno construido de tal forma que no está electrificado hacia adentro sino hacia afuera; está hecho especialmente para protegerlos

Un día, Dan Barber, reconocido chef de Nueva York, fue a visitarlo y quedó asombrado con la calidad de vida que estos gansos tenían: podían comer todos los higos, semillas, especias y frutas que quisieran. Estar en su granja era como estar en el paraíso de los gansos.

Durante esa visita, Barber vio a una bandada de gansos silvestres volando en V por encima de la granja de Eduardo Souza; de pronto, empezaron a oírse unos sonidos como de aplausos que venían de... ¡los gansos que estaban en la granja! (esa era la forma en que ellos se comunicaban). Entonces, los gansos silvestres dieron la vuelta y aterrizaron en la granja, porque los gansos domesticados estaban llamándolos. Al ver esto, miró a Eduardo Sousa y le dijo: «No puedo creerlo, tus gansos están invitando a esos gansos silvestres para que bajen a visitar la granja», a lo que este respondió: «No, no los invitan a visitar la granja, los invitan a quedarse para siempre».

«No lo entiendo», dijo Dan Barber. «¿Acaso no es la tendencia de un ganso migrar en invierno de norte a sur para así escapar del invierno? ¿No está eso en su naturaleza?». Souza respondió: «No, la razón por la que los gansos migran es porque ya no pueden encontrar condiciones ideales para ellos. Debido a la llegada del invierno los alimentos se han agotado, y deben buscar nuevos campos. Mi granja les proporciona todas las condiciones necesarias para que no tengan que emprender ese viaje tan lejano; aquí ellos tienen todo el alimento que necesitan, todo el espacio que precisan, tienen un lugar atractivo y pueden vivir en libertad».

Con esta historia como base, quiero profundizar en la idea de este capítulo, y es la de que la iglesia no es un lugar donde la gente deba ser forzada a estar sino uno donde desee estar. Incluso la frase para este capítulo sería algo así como *la iglesia no es marketing, sino que es un espacio donde debo convencerte para que vengas y seas parte de nosotros*. Creo que entender esto es clave, porque la iglesia creativa no tiene que caer en las trampas de la mercadotecnia, no tenemos que crear una campaña de marketing para convencer a la gente que venga, manipulándolos con técnicas que algunas veces no son éticas; más bien, lo que debemos hacer es informarles y mostrarles qué es lo que está servido en la mesa, simplemente debemos mostrar a otros que lo hermoso que tenemos en casa está para que ellos también puedan disfrutarlo.

123

Esto me hace pensar mucho en la forma en que el mundo usa el marketing para convencer, y creo que esto es algo que podemos evitar en la iglesia. ¿Te imaginas qué pasaría si una empresa de telefonía, en vez de invertir billones de dólares en publicidad, invierte todo ese dinero en sus sistemas de comunicación, en cambiar sus equipos y su red de antenas? ¿Qué pasaría si mejoraran su tecnología y su sistema de atención al cliente? Creo que todos hemos vivido esos momentos de frustración cuando la promesa que nos dio la empresa de telecomunicaciones fue incumplida desde el primer día, porque no funciona nuestro 4G o porque la señal es débil, pero ¿qué pasaría si esa empresa invierte todo ese dinero en favor de sus clientes? Pues que lo más probable sería que todos dijéramos: «Mira, yo estoy con esta empresa y realmente es la mejor, la señal no se pierde y los precios son decentes». ¿Sabes? Yo mismo estaría dispuesto a hacer el marketing por ellos, hablando de ellos, invitando a mis amigos para que

la iglesia no
es un lugar

ESA ES LA CLAVE DE

donde la

CÓMO EL REINO DE DIOS

gente deba

DEBE SER EXPANDIDO:

ser forzada

NO PRESIONANDO, NO FORZANDO,

a estar sino

SINO MÁS BIEN CREANDO

uno donde

UN ESPACIO DONDE LA GENTE

desee estar

QUIERA ESTAR

también tengan este beneficio del cual yo estoy gozando. Creo que tú también harías el marketing por ellos.

En la iglesia por demasiado tiempo nos hemos equivocado tratando de convencer a las personas para que vengan, en vez de crear el ambiente ideal para que los creyentes disfruten mientras van creciendo. Si lográsemos esto último, ellos mismos y sin presión se encargarían de avisar a otros de que existe este espacio deseable.

En Camino de Vida, como iglesia no tenemos membresía; nunca la hemos tenido, no tenemos una lista de participantes a nuestras reuniones, no tenemos una cartilla o carnet que diga que perteneces a nuestra iglesia. No tenemos nada de eso, pero sí mucha gente que llama a Camino de Vida *mi casa*. Si te pones a pensar, nosotros no tenemos una cartilla de membresía con los miembros de nuestra familia; de hecho, sé que existen papeles y documentos legales que indican quién soy y a qué familia pertenezco, pero no necesito ese documento para saberlo. Y en lo que refiere a mis amigos, la verdad es que no tengo que oficializar mi amistad con ninguno de ellos a través de una cartilla o tarjeta, y no necesitamos de una tarjeta para demostrar nuestra amistad: simplemente somos amigos, somos familia. El mejor ejemplo que podría dar al respecto es el de tu restaurante o panadería favorita, la cual visitas constantemente para comprar el pan del día. Yo creo que no necesitas un carnet de afiliado a esa panadería para comprar pan caliente allí; simplemente es tu panadería y punto.

Pastores y líderes, tenemos que dar siempre pan caliente a los miembros de nuestras iglesias, porque el pan caliente siempre atrae, porque el pan caliente se percibe desde lejos y te da ganas de comprarlo aunque no tengas hambre. Cada vez que entro al supermercado ese olor a pan recién salido del horno me atrae, y termino comprando algo de pan porque el olor es demasiado rico.

Iglesias, no debemos convencer a la gente para que compre nuestro pan, porque un buen pan caliente se vende solo. La iglesia no es marketing. ¿Por qué? Porque la publicidad solo trata de convencer y de manipular.

En Camino de Vida tenemos y practicamos una filosofía: nosotros no somos dueños de nadie. Por el contrario, solo deseamos servirte en todo lo que podamos. Hay pastores que dicen: «Pero si no controlo a mis ovejas, ellas se irán de mi redil»; honestamente, si una oveja puede saltar el redil que pusiste, probablemente esa oveja ya estaba demasiado flaca por falta de alimento y necesitaba engordar.

Cometemos un error al no alimentar a nuestras ovejas, y cometemos otro error si pretendemos alimentarlas forzosamente, como con el *gavage,* porque eso sería maltrato y abuso, y ya hay demasiadas iglesias que abusan de esa manera. Por otro lado, como iglesia debemos lograr ser semejantes a la granja de Eduardo Souza, creando espacios donde la gente desee estar y en donde ellos puedan invitar a otros a quedarse, porque saben que si fue bueno para ellos también lo será para sus amigos.

Entre las preguntas que más nos hacen como iglesia están *¿Cómo es que ustedes tienen tanta gente joven en Camino de Vida?* y *¿Qué hacen para tener tanta gente joven comprometida?* Más adelante voy a hablar acerca de algunos puntos específicos de por qué adolescentes y jóvenes quieren estar en Camino de Vida, pero por ahora quiero decir que la mejor forma de entender a un adolescente es entendiendo lo que es importante para él, saber qué pasa en su vida. Una de las cosas más importantes para un adolescente es su reputación; ellos no tienen dinero, no tienen muchos logros todavía, pero una de las pocas cosas que poseen es su reputación, y allí es donde buscamos conectar como iglesia. Durante sus años de adolescente ellos buscan identificarse con su entorno, con la música, libros, cierto tipo de ropa, con el arte, etc., y un adolescente finalmente se asocia con algo que lo representa, con algo que lo hace sentir identificado, donde se siente libre de ser quien es.

Digamos que un joven ama a Dios de forma genuina, sabe lo importante que es para su vida el congregarse, así que asiste regularmente, pero a veces tiene que soportar las cosas raras que pasan en su iglesia, la cual está desfasada en el tiempo. Este joven sabe que si invita a algún amigo a la iglesia puede pasar mucha vergüenza, porque hay una hermanita que siempre se sacude, está el hombre que siempre interrumpe con una palabra profética, y también siempre hay alguien que sale a bailar. Este joven no quiere que sus amigos lo asocien con eso, que es bueno pero raro a la vez, y por esa razón en Camino de Vida hemos creado un espacio donde los adolescentes no se sientan avergonzados, un espacio donde deseen estar y en el que no se queden de visita, un lugar donde ellos quieran quedarse a vivir y del cual se enamoren sus amigos.

¿Qué pasaría si después de que la iglesia hiciera una campaña en donde estuvo instruyéndose sobre evangelizar a las personas, este joven valiente decide invitar a su amigo porque está convencido de que está cumpliendo el mandato del Señor (me refiero a la gran comisión)? Entonces el joven invita a su amigo a la iglesia, y mientras este llega él está pensando: «Dios, ojalá que esta hermanita no se sacuda, ojalá que aquel hermano no profetice, ojalá que nadie abrace a mi amigo muy efusivamente... Dios, por favor, que podamos entrar y salir rápidamente de la iglesia con mi amigo». Al día siguiente, estando en el colegio, este amigo que fue de visita a la iglesia empieza a compartir al resto de sus compañeros: «Saben, ayer fui a la iglesia de Juan, ¡es el lugar más raro del mundo!», y desde ese momento Juan queda con la reputación de que él es parte de aquella gente rara, de aquella iglesia rara, de ese lugar que para otros es como una secta.

Ahora, es sabido que los jóvenes van a exagerar las cosas que cuentan, y de pronto la historia cambia un poco: ahora, Juan no solamente participa en una iglesia rara, sino que además carga serpientes y hace todo tipo de cosas raras. Será un chico tachado para siempre.

En cambio, si se trata de una iglesia que ya ha trabajado para formar o generar un espacio deseable para chicos de esa edad, y este chico tiene la convicción de que debe llevar a alguien a la iglesia para honrar la gran comisión, ocurrirá que ni bien su amigo entre a la iglesia sentirá un ambiente deseable, un espacio cálido, con gente feliz a su alrededor y donde hay una increíble vibra, un sentimiento hermoso, y lo que el amigo sentirá será amor; él no estará distrayéndose con las cosas raras que impiden que el Espíritu Santo toque su corazón. ¿Y qué va a pasar con este joven el lunes? Al volver al colegio, les dirá a sus compañeros: «Juan nunca nos contó, pero cada fin de semana es parte de la cosa más increíble que hay en la ciudad: ¡él estaba quedándose con el mejor secreto del mundo! ¡Chicos, no pueden perdérselo, todos tenemos que ir el próximo domingo!».

Creo que esa es la clave de cómo el reino de Dios debe ser expandido: no presionando, no forzando, sino más bien creando un espacio donde la gente quiera estar. Entonces, pastores y líderes, la iglesia no es marketing, sino que debe ser un lugar donde podamos crear espacios deseables, donde las personas se motiven unas a otras y deseen concurrir; que corran tras el pan caliente, como lo hacemos en un supermercado; que la iglesia sea un lugar donde la gente quiera volver, volver y volver, y donde cada vez que vuelvan traigan a un amigo consigo, para que otros también puedan sumarse y ser parte de la iglesia.

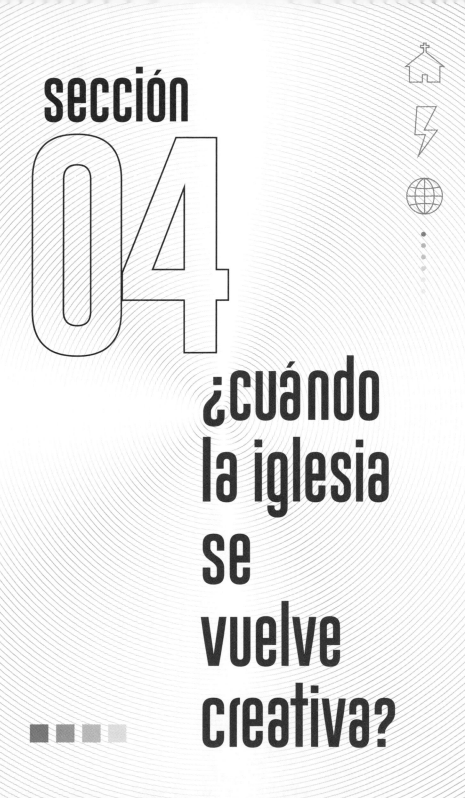

sección

04

¿cuándo
la iglesia
se
vuelve
creativa?

CAPÍTULO 17

pongamos
nuestras manos

Hace un buen tiempo atrás estuve en la conferencia Hillsong que se realizó en Nueva York. Recuerdo estar sentado entre la audiencia disfrutando un increíble tiempo de alabanzas y escuchando poderosos mensajes de la palabra de Dios, pero lo que más recuerdo es el tiempo en el que disfrutamos la sabiduría del pastor Brian Houston, quien estaba sentado junto a otros pastores en una especie de panel, dando respuesta a preguntas que la audiencia les hacía. De pronto, el moderador le transmite una pregunta al pastor Houston: «Pastor Brian, te he escuchado decir un par de veces que el cristiano prospera en todo lo que hace, pero ¿tú realmente crees eso? ¿Crees que el creyente prospera en lo que hace? Porque yo conozco cristianos cuyas vidas no prosperan».

Si lo piensas detenidamente, es verdad; creo que todos conocemos a personas que dicen ser cristianas pero que no tienen una vida floreciente alrededor de ellos; incluso mi vida misma no florece como yo lo quisiera, y tampoco mi iglesia florece como yo desearía.

Créeme que todo el auditorio enmudeció por esa pregunta. Todos miraron atentamente al pastor Brian para escuchar su respuesta, literalmente se inclinaron hacia adelante para escucharlo, y aquí viene el momento que me cautivó. Su respuesta fue increíble: «Yo sí creo que el cristiano prospera en todo lo que hace», y citó el siguiente versículo:

El Señor tu Dios prosperará todo cuanto emprendas y te dará muchos hijos, mucho ganado, y abundantes cosechas, pues el Señor se gozará nuevamente en ti como lo hizo en tus padres.

Deuteronomio 30: 9

Y luego continuó diciendo: «La pregunta que debemos hacernos no es si el cristiano prospera o no; la pregunta es sobre qué está poniendo su mano y hacia dónde está inclinando sus fuerzas y corazón». Y aunque está tan claro en el versículo, fue como si mis ojos se abrieran, y como si eso no fuera suficiente, añadió: «Es que hay tanta gente que pone su mano sobre el chisme, ¿y en qué crees que van a prosperar? En el chisme» (en ese momento todo el auditorio empezó a reír, sabiendo que esa es una gran verdad). «El cristiano que pone su mano sobre la crítica, florece y prospera en la crítica. Entonces, la pregunta no es si el cristiano prospera o no, la pregunta es: ¿sobre qué está poniendo su mano? ¿En dónde está invirtiendo su vida? Porque todo aquello sobre lo que ponemos nuestras manos, eso florecerá».

Lo siguiente que recuerdo después de esa revelación es que saqué mi teléfono y empecé a *googlear* diferentes cosas. Todos sabemos que Hillsong ha sido prolífica en la música, entonces empecé a buscar cuántas producciones musicales habían hecho; obviamente, Wikipedia arrojó una respuesta inmediata: para ese entonces ya llevaban más de cien producciones musicales. Lo siguiente que hice fue ver cuántos años tenía Hillsong como iglesia, y la respuesta para ese entonces fue de treinta y un años, por lo que saqué mi calculadora y el resultado fue que ellos hicieron casi 4 producciones

La iglesia creativa

por año en promedio desde que se iniciaron como iglesia hasta esa fecha.

En ese momento mi cabeza daba vueltas a mil por hora, tratando de procesar toda esta revelación. Me di cuenta de que ellos no prosperaron en la música porque Dios roció polvo mágico sobre Hillsong, no fue porque les dio a ellos algo más especial. Creo que Dios nos da a todos dones, talentos y gracia en proporciones increíbles, pero Hillsong decidió tomar esta promesa en serio; dijeron: «Dios, creemos que tú nos has dado alabanzas como algo sobre lo cual poner nuestras manos para que esto pueda prosperar y florecer. Entonces sí, lo haremos».

¿Sabes algo? No existe iglesia en el mundo que haya hecho más producciones musicales de alabanza que Hillsong. Si ellos han prosperado en esa área, es porque decidieron poner la mano sobre la música. Con todo esto delante de mí, empecé a recordar los inicios de nuestra iglesia, ya que Camino de Vida nace con un específico don de alabanzas. Allá por los años setenta Dios, a través de una palabra profética, le dijo a mi madre: «Karyn, a través de ti generaciones cantarán, y yo voy a poner en ti palabras que serán cantadas sobre generaciones».

En mi memoria todavía conservo los recuerdos de cuando era niño. Recuerdo a mi madre dirigiendo las alabanzas con una guitarra acústica en el Bahamas (el primer local que tuvimos hace más de treinta años), y también recuerdo que a inicios de los noventa, como iglesia empezamos a hacer producciones musicales que habíamos creado, grabándolas en *cassettes* (estas alabanzas fueron cantadas en muchas partes del Perú), pero después de un tiempo, sin darnos cuenta, empezamos a dejar de hacer música. Las razones fueron diversas: nos convencimos a nosotros mismos de que era demasiado trabajo, de que era demasiado costoso, que nos faltaba talento, y todas ellas fueron buenas excusas, por lo que dejamos de poner nuestras manos sobre la música.

Hicimos una larga pausa en esta área, hasta que hace unos diez años atrás Danilo Montero vino a predicar a nuestra iglesia. Durante el fin de semana que estuvo con nosotros escuchó algunas de nuestras canciones y preguntó de dónde eran, y con timidez respondimos que eran nuestras, que los jóvenes acababan de componerlas hace poco. «¿Tienen más canciones como estas?» fue su pregunta, a lo cual asentimos, y le mostramos toda la música que teníamos en ese entonces. Finalmente, nos dijo: «Miren, estas canciones tienen que ser grabadas. ¿Tienen algún plan para grabarlas?»; le respondimos que en verdad no teníamos ningún plan. Es que habíamos dejado de creer lo que Dios quería hacer con nuestras vidas, y por diez años sacamos nuestras manos de la música.

Danilo preguntó si él podría grabarlas, y por supuesto le dijimos que sí, por lo que un tiempo después volvió con toda su banda y grabó todo un CD de las canciones escritas por nuestros jóvenes, pero cantadas por él y su banda en nuestra sede principal (en aquella cancha de básquet). Al año siguiente, esa producción llegó a ganar el premio *Billboard* al disco cristiano en español más vendido del año.

Estamos tan agradecidos por esto, porque creemos que Dios tuvo que enviar a Danilo Montero al Perú para hacernos recordar que él ha depositado un don sobre nosotros, nos ha concedido la gracia para crear música. Cuando Dios nos da algo no es para ocultarlo, apagarlo o menospreciarlo, sino que es para que pongamos nuestras manos sobre ello y lo hagamos prosperar, para que el fruto brote de ello para bendecir a otros.

Por ejemplo, Hillsong nunca paró de producir, y ese día, en aquella conferencia, tuve la convicción de que como Camino de Vida debíamos una vez más poner nuestras manos sobre la música. Cuando volví a Lima hablé con el equipo creativo y la banda: «¿Saben qué? Tenemos que volver a producir música, mínimo hacer un álbum al año», a lo que todos dijeron: «¡Taylor, estás loco! Suena muy bonito, ¡pero es imposible hacerlo, es demasiado grande!». Insistí reconociendo que era difícil, pero que creía que si nos esforzábamos podíamos producir hasta cuatro CD al año: uno general, uno para jóvenes, otro para niños, y que el cuarto podía ser con música para la temporada de Navidad, Semana Santa o alguna ocasión especial.

«No sé si podremos hacerlo, pero lo intentaremos: pondremos nuestras manos sobre ello», fue la reflexión del equipo. Al año siguiente hicimos una producción, y al siguiente otra, y poco a poco, al poner nuestras manos sobre la música, empezamos a crear canciones y a producirlas, y hoy en día estamos superando las cinco producciones musicales al año. Y no digo esto para jactarnos de Camino de Vida, lo digo para animarte e inspirarte, para recordarte que Dios también ha puesto en tus manos un don especifico, que puede prosperar y traer fruto para bendición de otros si ponemos nuestras manos sobre ello.

Si tienes un don, un llamado o una gracia especial para hacer algo que aún no has hecho, nunca es demasiado tarde; o si quizás empezaste algo, y por alguna razón se pausó o se distrajeron con otros esfuerzos, o si dejaron de empujar, déjenme recordarles que cuando Dios nos da gracia para algo nunca nos la quita.

Dios jamás retira sus dádivas ni se olvida de aquellos a quienes ha elegido.
Romanos 11:29

La finalidad de este capítulo es la de hacerte recordar que Dios te ha dado algo específico a ti como iglesia, y que ese algo todavía está ahí; solo debes retomarlo y poner tus manos sobre él. Reconozco que retomar algo o empezar por primera vez no es fácil, y quizás sea duro al inicio, pero Dios promete ayudarnos si confiamos en él y en su Palabra. Pongamos todo nuestro esfuerzo en aquello que Dios nos dio, y si finalmente no vemos fruto no será porque no lo intentamos, sino que Dios será responsable por ello.

Entonces, iglesia, pastores y líderes: la iglesia se vuelve creativa cuando decidimos poner la mano sobre aquello que Dios nos dio para hacer.

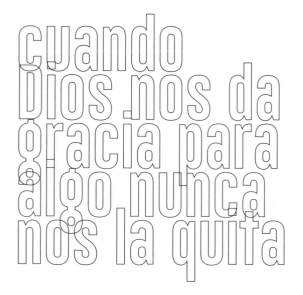

cuando Dios nos da gracia para algo nunca nos la quita

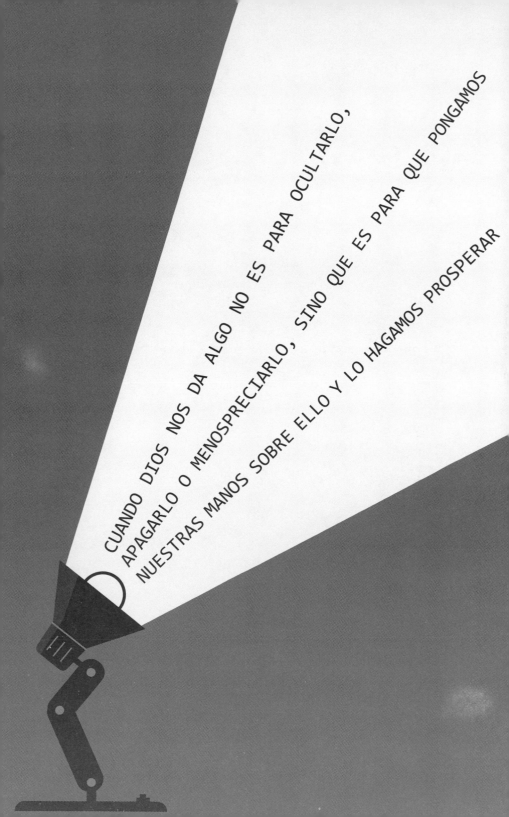

CUANDO DIOS NOS DA ALGO NO ES PARA OCULTARLO,
APAGARLO O MENOSPRECIARLO, SINO QUE ES PARA QUE PONGAMOS
NUESTRAS MANOS SOBRE ELLO Y LO HAGAMOS PROSPERAR

La iglesia se vuelve creativa cuando entendemos que no solo debemos hacer la obra sino también levantar cada vez más nuestro nivel.

CAPÍTULO 18

Lo dado por Dios

Hay una especie de parábola que mi padre nos ha contado varias veces, y creo que Camino de Vida se ha vuelto conocida por difundirla. Se trata de la historia de un hombre que al entrar en un huerto ve un cartel con una pregunta escrita, que dice: *¿Cuándo es el mejor momento para plantar un árbol?* Al no saber la respuesta y tener mucha curiosidad, se acercó al jardinero del huerto y le preguntó: «¿Usted sabe la respuesta a la pregunta del cartel? ¿Acaso sabe cuándo es el mejor momento para plantar un árbol?». El jardinero le respondió: «El mejor momento para plantar un árbol fue hace diez años». El sorprendido hombre la consideró una buena respuesta y siguió explorando el huerto. Más adelante en el camino se encontró con otro cartel que tenía una pregunta vinculada con la anterior: *¿Cuándo es el siguiente mejor momento para plantar un árbol?* Una vez más, el hombre quedó perplejo por la pregunta y decidió buscar al jardinero para preguntarle si sabía la respuesta. Cuando estuvo frente a él, le dijo: «¿Sabe usted la respuesta a esta segunda pregunta?», a lo que el jardinero respondió: «Hoy. Hoy es el segundo mejor momento de plantar un árbol».

Aquí podemos aprender algo muy importante, porque son demasiadas las veces que queremos los beneficios hoy, pero para poder disfrutar tanto de los frutos como de la sombra de aquel árbol tendríamos que haberlo plantado hace diez años.

Como mencioné en el capítulo de expectativas, muchas veces queremos las cosas ya y nos frustramos por no poder tenerlas ahora. La verdad es que, si quieres disfrutar de un buen futuro mañana, hoy es un buen día para empezar; si quieres un pianista ahora, ese pianista tuvo que haber empezado a practicar hace diez años hasta volverse experimentado y sumarse a tu equipo de alabanzas.

Escuché una historia que me encantó. Dicen que un pastor convocó un domingo en su iglesia a quienes estuviesen interesados en tocar el piano durante los servicios dominicales. Al terminar el servicio, un joven se acercó al pastor, diciéndole:

—Yo tengo ganas y estoy dispuesto.

—¡Genial! ¡Qué bueno! —dijo el pastor, emocionado, mientras el muchacho comentó:

—Yo soy aquel que estás buscando —por lo que el pastor se emocionó aún más y le preguntó:

—¿Cuándo podemos empezar?

—Si lo deseas, podemos empezar ahora mismo —fue la respuesta del joven.

—Excelente. ¿Tienes piano?

—No, no tengo piano, y ni siquiera sé tocar uno.

Aquí es donde vemos que si tú tienes ganas y sientes el llamado, pero aún no estás preparado y listo, entonces realmente no eres útil hoy, pero si te pones las pilas serás útil de aquí a un tiempo.

Me encanta esta historia de Éxodo:

> Y Moisés les dijo: «El Señor ha señalado específicamente a Bezalel, hijo de Uri y nieto de Jur, de la tribu de Judá, como supervisor general de la construcción. Él puede

hacer hermosas creaciones de artesanía en oro, plata y bronce; puede cortar y engastar piedras preciosas, y puede hacer hermosas obras de tallado. En suma, él tiene todas las habilidades necesarias.

Dios ha hecho que él y Aholiab sean maestros dotados y que puedan enseñar sus habilidades a los demás. Aholiab es hijo de Ajisamac, de la tribu de Dan. Dios los ha dotado de habilidades muy especiales, de modo que pueden hacer toda obra de joyería y carpintería. También tienen la capacidad para hacer bordados en tela azul, morada y escarlata, y para elaborar cualquier tipo de tejido. Ellos, en fin, se destacan en todas las artes necesarias para la obra.

Los demás artesanos, a quienes el Señor haya dado habilidades, deberán ayudar a Bezalel y Aholiab en la construcción y preparación de los utensilios del santuario, de acuerdo con lo que el Señor ha ordenado».

Éxodo 35:30-36:1

Cuando Dios estaba dando instrucciones de cómo sería levantado y formado el santuario, el arca del pacto, la carpa, el lugar santísimo y todo lo demás, convocó a estos dos jóvenes, Bezalel y Aholiab. La Biblia menciona que eran prolíficos y expertos en toda forma o tipo de escultura, arte y diseño, pero más que nada dice que estaban llenos de la presencia de Dios para lograr aquel objetivo. El punto es este: ellos pudieron ser útiles en aquel momento porque tenían experiencia, tenían una trayectoria, la de haber sido preparados por años para eso. Si tú y yo queremos estar listos para ser utilizados por Dios hoy, debimos habernos preparado hace tiempo. Pastores, líderes, iglesia: para lograr el sueño que Dios quiere para ti y para mí debemos constantemente ir persiguiendo, mejorando y afinando lo que Dios nos ha dado a cada uno.

A veces sentimos que debemos estar en otros espacios o logrando otros objetivos; sentimos que aún no estamos donde deberíamos estar, estamos con desánimo, estancados como creativos, lejos de aquel líder o pastor que deberíamos ser. Yo entiendo mucho ese sentimiento. Hace años viajé a una pequeña ciudad de Latinoamérica con un pastor muy querido que estaba acercándose a Camino de Vida. En el camino me contó que en su iglesia había tenido un equipo de alabanza pero que el líder y todo el equipo terminaron yéndose de la iglesia, lo cual fue una mala experiencia. Mientras estaba escuchando con asombro lo que contaba, le pregunté si habían podido levantar otro equipo de alabanza después de eso, a lo que me respondió que hasta el día de hoy no habían podido hacerlo, y ante la pregunta de hace cuánto tiempo había sido eso, solo me dijo que había sido hace mucho, mucho tiempo.

Al llegar a su iglesia encontré una hermosa congregación y con la gente más amable del mundo (obviamente, porque los pastores también lo eran). Al empezar el servicio, el pastor y la pastora subieron al estrado e iniciaron la reunión con una oración, y casi en simultáneo alguien del equipo técnico puso *play* y en la pantalla empezaron a proyectarse las alabanzas. Para mi sorpresa, quienes dirigieron la alabanza ese día fueron los pastores principales, y mientras ellos cantaban salía en pantalla un video con imágenes y la letra de las canciones, casi como si fuera un karaoke. A mí me encantó, miré hacia atrás y la congregación estuvo enchufada al ciento por ciento, así que yo también me enchufé.

142

La primera canción fue de Su Presencia; estuvo increíble, con mucha energía y la gente cantando con todas sus ganas. La segunda canción fue de Christine D'Clario; fue como el cielo en la tierra, tanto que cuando la canción terminaba el pastor dijo: «¿Saben qué? ¡Cantémosla de nuevo!», y el equipo técnico puso pausa, retrocedió, puso *play* nuevamente y volvimos a cantar completamente la canción. Para ese momento yo ya estaba un poco cansado de la canción, pero como la canción estaba *power*, me metí con todo, y concluyendo el tiempo de las alabanzas subí a compartir la Palabra. La reunión fue hermosa y disfrutamos de un buen momento.

Esa noche, mientras estaba descansando en el hotel, meditaba un poco sobre la experiencia con los pastores y la hermosa iglesia. Estaba frustrado por la experiencia de las alabanzas (no porque no hicieron su mejor esfuerzo con lo que tenían; sé que ellos cumplieron el plan y propósito de Dios por ese día), pero estaba frustrado porque como Camino de Vida no estábamos ayudándola para que fuera una mejor iglesia. No estábamos ayudando con las alabanzas porque no teníamos videos musicales para que ellos pudieran seguir adelante; ni siquiera teníamos secuencias, ni pistas con las cuales ellos pudiesen cantar. No me fastidiaba el hecho de que aún no tuvieran una banda, ya que al ser una ciudad pequeña es muy difícil conseguir músicos y cantantes, pero seguía perturbado con una realidad que me confrontaba: el llamado de Camino de Vida en gran parte es el de proveer recursos para otras iglesias sin esperar nada a cambio, y al no ser esa iglesia que proporciona recursos a otras, en mi opinión no estábamos dando en el target y no estábamos cumpliendo eficientemente nuestro llamado.

143

Es que con el llamado de ser una iglesia que produce alabanza, con la gracia que Dios nos dio para hacerlo, siento que tenemos la responsabilidad de sumarnos para ofrecer a las iglesias más canciones y alabanzas (así como ya lo hacen Su Presencia, Christine D'Clario y tantos otros). Queremos ofrecer a la iglesia canciones, alabanzas y una voz para que todos empecemos a declarar el nombre de Jesús. Su Presencia tiene una gran trayectoria haciendo esto, y por eso ellos suplieron la necesidad de aquellos pastores. Christine D'Clario también tiene una trayectoria larguísima de componer canciones que alaban a Dios, y por eso me sentí confrontado, porque en Camino de Vida no estábamos donde queríamos estar; nuestro estándar y nuestra habilidad no estaba al nivel que debería estar para hacer lo que debiéramos y para ser de bendición para otras iglesias.

La iglesia se vuelve creativa cuando entendemos que no solo debemos hacer la obra sino también levantar cada vez más nuestro nivel, mejorar en cada área y perfeccionar lo que ya estamos haciendo. Me encanta que Bezalel y Aholiab no solo estaban llenos de la presencia de Dios sino que también habían perfeccionado sus habilidades y desarrollado su técnica, habían logrado mejorar todo lo que tocaban con sus manos, haciéndolo más valioso.

Justo aquí quiero introducir un término que me desafía: *shokunin*. Es una palabra japonesa que puede definir a alguna persona que ha llegado a ser prolífico en algún área de la vida. Es un proceso de constante mejora de alguien dispuesto a seguir perfeccionando sus habilidades y su técnica hasta convertirse en un maestro en su área, en alguien que vive enamorado de su oficio. Creo que esta palabra es clave para la iglesia el día de hoy, porque lo que Dios nos ha llamado a hacer con nuestras manos, lo que debemos levantar con nuestro espíritu, no es algo barato ni es cualquier cosa: es la iglesia, la casa de Dios, y deberíamos levantar nuestro nivel de capacidad, nuestra habilidad para poder hacer lo mejor que podamos, para en primer lugar alabar a Dios con el don que nos dio, y en segundo lugar para que otros puedan alabarlo por medio de lo que traemos y ofrecemos como creativos.

Siendo un creativo y alguien que ama el diseño gráfico (que es a lo que me aboqué y me dediqué), un día estaba realizando un trabajo en Photoshop y sentí claramente que el Espíritu me susurraba: «Taylor, ¿amas esto? ¿Amas diseñar?», y mi respuesta fue: «Dios, yo amo el Photoshop, incluso siento que tú me has hecho para el Photoshop» (no sé si esto es teológicamente correcto, pero siento que para esto fui creado). Lo que me maravilló fue que el Espíritu me respondió: «Taylor, yo sí te he creado para el Photoshop», y esto me produjo una inmensa alegría; es que allí yo me siento como un pez en el agua. Pero inmediatamente después, sentí algunas dudas que entraron en mi cabeza (y es que así es el diablo:

144

cada vez que Dios nos afirma en algo, el diablo viene a robar lo que Dios nos ha dado).

Y la mentira del diablo fue: «Taylor, si Dios realmente te amara te hubiera dado otro don, un don más espiritual, un don más elocuente, pero mírate: tartamudeas, y encima de eso tienes dislexia, y si te pones a orar por mucho tiempo te quedas dormido». Te confieso la verdad: empecé a creerle, miré el don que estaba en mis manos y empecé a menospreciarlo, pero casi de inmediato vino una revelación a mi ser que me ayudó mucho y que quiero compartir ahora.

En la parábola de los talentos tenemos a tres personas que trabajan para un mismo jefe, y antes de tomar un largo viaje, le da a uno de los trabajadores cinco monedas, al otro le da dos, y al tercero le da solo una. Se las dio a cada uno conforme a su capacidad: los que tenían cinco y dos monedas duplicaron lo recibido, y viendo lo que habían hecho, le dijo a cada uno: «Bien, buen siervo y fiel; has hecho bien. Entra en el gozo de su Señor». Pero el tercer trabajador, aquel que había recibido una sola moneda, debido al temor la enterró, y cuando el jefe vino a rendir cuentas le dijo: «Aquí está lo que me diste, te lo devuelvo. Está bien cuidada, ni siquiera tiene un rasguño, está como nueva». El jefe lo miró y le dijo: «Eres un perezoso y malvado siervo. ¡Vete de aquí!», y lo echó de su presencia. Alguien podría decir que esto es extremo, o preguntarse si esto acaso refleja el amor de Dios, pero mira: ¡es Jesús quien cuenta esta historia! Lo que yo puedo rescatar aquí y aplicar a este capítulo es que Jesús está enseñándonos que él desea que tomemos lo que hemos recibido y que lo dupliquemos, que lo hagamos crecer.

Yo me hago esta pregunta: ¿por qué el tercer siervo enterró la moneda? ¿Quizás tuvo temor? Tal vez sucedió que empezó a compararse con lo que los otros tenían: mientras sus compañeros tenían cinco y dos monedas, respectivamente, él solo tenía una. Puede ser que haya pensado: «Si mi jefe

145

realmente me estimara me habría entregado cinco monedas, o por lo menos dos, pero solo me dio una. ¿Será que no me considera, no me quiere o me menosprecia?», y probablemente ahí es donde va cultivándose este temor, porque hay menosprecio cuando nos comparamos con otros. Cuando enterramos lo que Dios nos dio y perseguimos lo que otros tienen es como decir «Dios, yo sé mejor que tú lo que es mejor para mí; voy a perseguir mi propósito, quiero hacer mi voluntad, porque tu voluntad no es buena para mí».

Yo casi hice eso con el Photoshop, casi empecé a perseguir el don de intercesión que Dios le dio a otro, o un don más académico, pero ¿sabes qué? Cuando hago Photoshop por diez horas, alabo a Dios más que en una hora de intercesión. Suena raro decir esto, pero estoy tomando lo que Dios me dio y desarrollándolo, duplicándolo y multiplicándolo, y en ese momento estoy siendo fiel con lo que me ha sido entregado.

Pastores, líderes: ¿cuándo la iglesia se vuelve creativa? Cuando tomamos lo que hemos recibido y lo trabajamos, cuando crecemos en capacidad. Y Dios, al ver nuestra fidelidad, irá añadiendo, irá sumando, irá haciéndonos crecer, ya que si eres fiel en lo poco, sobre mucho te pondrá el Señor.

Seamos de aquellas iglesias creativas que deciden crecer en habilidad y en estándar creativo para poder cumplir el plan y el propósito de Dios.

CAPÍTULO 19
cambiando
desde adentro

Cuando el equipo creativo empezó a cuajar y a tomar forma, recuerdo haber estado decidido a impulsar la imagen de la iglesia: quería mejorarla y pulirla, quería hacer que Camino de Vida fuese una iglesia visualmente más atractiva (estoy refiriéndome a todo lo que respecta a los videos y la gráfica, e inclusive al logo que teníamos en ese entonces). Había muchas cosas que se veían un poco anticuadas, así que dimos los primeros pasos para cambiar el logo de la iglesia. Además de eso, sucedía algo bastante peculiar y es que como iglesia nunca —hasta el día de hoy— hemos tenido un cartel que diga *Camino de Vida* (y no es que nos creamos suficientes o superiores, tiene más que ver con que por mucho tiempo estuvimos en lugares alquilados y mudándonos, además de otras complicaciones que tenían que ver con leyes y permisos). Sin embargo, la gente siempre ha encontrado el camino a casa: muchos han llegado a Camino de Vida porque han oído de parte del amigo de un amigo que les contó sobre lo increíble que era la iglesia, así que venían a conocerla.

Entonces, con el equipo creativo queríamos no solamente cambiar y modernizar el logo y la imagen, sino también poner afuera un cartel grande y luminoso que dijera *Camino de*

Vida. Mientras estábamos soñando con hacer esos cambios, yo seguía estudiando sobre las diferentes influencias creativas y devorando libros de marketing. Un día llegó a mis manos (ni siquiera recuerdo cómo sucedió) un libro que me impactó muchísimo, llamado *The brand gap* (en español sería algo así como «La brecha de la marca». Marty Neumeier, su autor, se ha vuelto uno de mis gurús en todo lo que se refiere a marca, branding y marketing, y tiene una filosofía tan clara y práctica en estos asuntos que vale la pena leerlo. Entre algunas cosas que fue explicando específicamente en este libro, encontramos que *una marca no es lo que tú dices que eres, sino lo que todos dicen que tú eres.*

Esto para mí fue revolucionario, porque siempre pensé que si cambio la imagen y digo que esto es lo que somos, eso sería suficiente, pero él me hizo ver que hoy en día una marca no es lo que tú dices que es sino lo que otros dicen que es. Entonces, empecé a observar qué tenemos para ofrecer y qué somos, porque si decimos «Esto es lo que somos» cuando mostremos nuestro logo, ¿estaremos cumpliendo con lo que prometemos? ¿Cumplimos con lo que estamos ofreciendo o somos incumplidores? Siendo honestos y observando cómo éramos internamente como iglesia, decidimos que aún no era tiempo de poner un cartel afuera, cambiar el logo o mejorar la imagen externa; decidimos hacer una pausa porque todavía teníamos mucho que mejorar internamente.

Ya habíamos empezado a tener claridad en lo que se refiere a nuestro ADN; también estábamos poniendo en marcha algunos sistemas y poco a poco íbamos mejorando, pero aún teníamos mucho por avanzar como iglesia. Por ejemplo, no teníamos señaléticas para ayudar a la gente a ubicarse dentro de la iglesia, no teníamos un sistema claro de discipulado, teníamos cursos que empezaban de forma esporádica e inconstante y sin mucho sentido, no teníamos una forma clara para reclutar voluntarios ni sabíamos cómo entrenarlos.

Es que por dentro aún operábamos de manera muy informal, entonces si empezábamos a explotar nuestra imagen exterior y a decir «Vengan, somos esto y somos aquello» y a prometer mucho, probablemente eso nos hubiera causado más daño que beneficios. Y todo por el afán de querer promover algo que todavía no éramos.

Así que empezamos a enfocarnos muchísimo en nuestros sistemas internos, en armar un calendario de cursos con tres temporadas al año, pusimos carteles en lugares estratégicos para que la gente pudiera ubicarse, establecimos un sistema de voluntariado que era claro, fácil de acceder y con entrenamientos semanales, también implementamos nuestro curso de discipulado llamado *Crecer*, además de iniciar grupos pequeños... En fin, empezamos a mejorar poco a poco por dentro. Viéndolo hoy, éramos demasiado informales.

Hay una historia que viene a mi mente en este momento, mientras escribo este libro. Por esa época llegaron al Perú por trabajo Denis y Paty, una pareja de brasileños y queriendo encontrar una buena iglesia llegaron a Camino de Vida. Ellos cuentan que, al llegar, se pararon en el patio esperando que alguien se acercara a hablar con ellos: esperaron más de dos horas y nadie se les acercó, así que decidieron que, si nadie se acercaba, ellos entonces ellos lo harían. Finalmente terminaron conectándose con la iglesia, encontraron amigos y durante el tiempo en que estuvieron viviendo en Perú llegaron a ser líderes. Los extrañamos mucho, son una pareja muy querida y una familia muy hermosa.

Esa experiencia nos dejó un gran aprendizaje, y es el de que estábamos fallando al conectarnos con gente nueva. ¿Cuánta gente más habrá esperado en el patio sin que nadie se les acercara, sin que nadie los atendiera? ¿Cuántos más entraron por las puertas de nuestro local y salieron sin ser atendidos? ¿Cuánta gente se nos habrá escurrido de las manos porque no estábamos listos, porque no estábamos preparados con nuestros sistemas o porque no teníamos claridad interna para poder recibirlos y servirlos mejor?

El principio que debemos entender aquí es que una iglesia se vuelve creativa cuando entiende que es más importante mejorar por dentro, para que eso sea palpable por fuera. Cuando mejoramos todo lo que tenemos por dentro, esto empezará a visualizarse por fuera, se hará más evidente, los cambios serán más visibles.

Finalmente, después de un largo proceso, hoy tenemos un logo nuevo, pero eso nos tomó unos catorce años, y me refiero al tiempo que nos tomó desde el momento en que queríamos cambiar el logo hasta mejorar y poner a punto todos los cambios: todo ese proceso nos tomó catorce años. Recordando el capítulo anterior, si quieres un árbol hoy deberías haberlo plantado hace diez años, y si quieres un árbol en diez años, plántalo hoy.

Aquí es donde tenemos que ir entendiendo esta gran verdad, de que una iglesia creativa empieza a trabajar desde adentro hacia fuera, porque una marca no es lo que tú dices que eres, sino lo que otros dicen que eres. Si quieres mejorar tu marca como iglesia y tu imagen sea mejor, entonces mejora todo aquello que provocará que la gente se exprese y hable.

Ahora viene algo que complementa esta idea (esta es la yapa de este capítulo). Este principio es muy importante y nunca debes olvidarlo: *el cómo los atraes es el cómo los mantienes.* Lo repito: el cómo los atraes a tu iglesia consiste en saber cómo mantenerlos dentro de ella. De hecho, es fácil atraer a alguien, eso no es nada complicado, pero dependiendo de cómo los atraes tienes que mantenerlos; por ejemplo, si yo prendo una fogata voy a atraer gente, pero si incendio una casa voy a atraer a una multitud. Más grande el fuego, más grande la multitud.

Pero si cómo los atraes es saber cómo los mantienes, ¿cómo vas a mantener a una multitud que fue atraída por un gran incendio? (ese incendio puede ser un evento, un campamento, una conferencia o un gran suceso). Creo que demasiados de nosotros caemos en la trampa o *pisamos el palito* de querer atraer a una gran multitud, pero eso es algo tan complicado... El mantener a una gran multitud que fue atraída por un gran suceso no es sostenible. ¿Cuántas veces hemos hecho campañas gigantes, y nos ha resultado imposible retener a la gente que hemos logrado evangelizar? Entonces, si cómo los atraes consiste en cómo los mantienes, tenemos que crear un espacio, un sistema y una forma sostenible de recibirlos.

En Camino de Vida sabemos que el boca a boca funciona, y que funciona muy bien. Si una muy buena y gran experiencia durante un servicio dominical es sostenible, y lo podemos hacer cada semana, entonces la gente se sentirá atraída y se mantendrá. Para algunos esto podría ser frustrante, porque si utilizamos este método el crecimiento será lento, pero en Camino de Vida tenemos la visión clara de saber que no estamos corriendo los cien metros llanos sino que estamos corriendo una maratón que es de por vida; incluso no es una maratón cualquiera, es una maratón de postas porque buscamos ser una iglesia multigeneracional y queremos ser más fuertes de aquí a cien años de lo que somos hoy. Entonces, tenemos que preocuparnos más por lo interno que por lo externo. Hay una frase de un entrenador de deportes americano que me encanta, que dice que el resultado del partido se cuida a sí mismo; en otras palabras, no nos preocupemos tanto por ver el tablero donde está la cuenta de los goles que tiene el equipo, porque el tablero se cuida solo. En vez de estar preocupados por eso, estemos ocupados en hacer bien lo interno, porque lo externo se cuida a sí mismo.

La única forma de hacer algo sostenible es encontrando la mejor manera de atraer y luego mantener, porque cómo los recibimos consiste en saber de antemano cómo los mantendremos. No hagamos grandes esfuerzos por establecer nuestra marca; el secreto está en dar un paso firme, luego otro y así seguir, siendo fieles con lo que tenemos hoy. Estoy seguro de que en el futuro seremos aquella iglesia que ya está en nuestro corazón.

Una iglesia se vuelve creativa cuando entiende que la marca no es algo externo, sino que es algo interno.

UNA IGLESIA SE VUELVE CREATIVA CUANDO ENTIENDE QUE ES MÁS IMPORTANTE MEJORAR POR DENTRO, PARA QUE ESO SEA PALPABLE POR FUERA

CAPÍTULO 20

conexión personal

Recuerdo estar en un evento evangelístico inmenso, en un estadio repleto de personas donde fácilmente había cerca de ochenta mil personas: todas las tribunas estaban llenas, toda la cancha estaba llena, había artistas cristianos, era un día hermoso, todos con buen ánimo participando y cantando. Casi llegando al final de la noche llega el turno del pastor invitado, quien subió a la plataforma para exponer la Palabra y cerrar la noche con un broche de oro.

Empezó a hablar de forma muy elocuente, con una cadencia perfecta; el mensaje era bueno, yo estaba enganchado con él, pero con el paso de los minutos empecé a notar que poco a poco la gente del estadio estaba distrayéndose. Me di cuenta de que la gente empezaba a conversar entre sí; todo comenzó con susurros, que luego se transformaron en un murmullo que terminó finalmente en bulla. Yo miré a los costados, a las tribunas, y literalmente el 90% de la gente en el estadio estaba haciendo cualquier cosa menos prestar atención al que estaba exponiendo la Palabra. Con asombro, miré a mi esposa y le dije: «Mi amor, ¿qué está pasando?».

Inmediatamente miré al pastor, pero él seguía predicando como si nada estuviera pasando. Parecía que su mensaje estaba siendo desarrollado según lo planeado: seguía sus notas al pie de la letra, línea por línea y de una manera elocuente, se movía por el escenario de una manera predeterminada —yo diría que ensayada— pero seguía concentrado en su propio mundo. Cuando finalmente terminó su mensaje, tristemente la gente ya se había ido.

Recuerdo que al volver a casa aquella noche estaba perplejo y frustrado porque había habido ochenta mil personas en ese estadio que no estuvieron enchufados con lo que él quería transmitir. Al inicio estaba molesto con la gente por su falta de educación y de respeto a la Palabra que estaba siendo expuesta, y estaba pensando en los que aquella noche perdieron la oportunidad de conocer al Señor. Me frustré con todo lo acontecido aquella noche y empecé a buscar culpables de por qué había sucedido esto y por qué esto otro; más tarde, esa misma noche, meditando con más calma sobre lo ocurrido, también recordé que solo unas semanas atrás había visto un documental sobre la vida de Billy Graham —uno de los más grandes héroes de la fe de los últimos cien años—, de cómo él empezó su ministerio y todos los diferentes obstáculos que tuvo que sortear.

Mientras veía fascinado el documental, llegó un momento en el que Graham explica su forma de predicar. Él cuenta que estaba haciendo una campaña en Los Ángeles, y llegó tanta gente que tuvieron que armar carpas extras porque las que había no eran suficientes debido a la gran cantidad de personas que seguían llegando; entonces, los que estaban organizando el evento dijeron de extender la campaña por un día más, y al final del día vieron que sería necesario otro día, y luego otro más. Así lo hicieron, y los organizadores seguían aumentando más noches, tanto así que llegó un momento en el que Graham dijo: «¡Basta! Ya no puedo seguir adelante con esto; ya no me quedan prédicas, he predicado todos los mensajes que tenía preparados», y los organizadores le dijeron: «Hay demasiadas personas llegando, no podemos parar ahora. Tenemos que continuar».

Luego cuenta que tomó un tiempo a solas con Dios, y orando le dijo: «Dios, ya no tengo nada más que decir, ya dije todo; pero mientras haya gente viniendo, yo seguiré predicando, pero si no sale nada de mi boca te haré responsable». A la noche siguiente sube a la plataforma a predicar, y cuenta en el documental que, desde ese día en adelante, su estilo de predicar ya no era predeterminado, sino que era de una manera más improvisada: desde ese momento, nunca más salió al escenario con sus apuntes; simplemente abría su boca y predicaba sin perder la ilación de lo que decía. ¿Por qué? Porque su técnica había cambiado, ahora él estaba más preocupado en conectar con la gente que en cumplir lo predeterminado; mientras estaba la reunión, él iba leyendo a la gente y enganchándolos con la Palabra, iba llevándolos y conmoviéndolos.

Eso es fascinante, y si volvemos una vez más al estadio con las ochenta mil personas distraídas, aquel expositor estaba predicando con el mismo estilo, la misma cadencia, el mismo ritmo y nivel de voz, y de una manera previamente estudiada. Todo esto me hizo dar cuenta de algo que resulta muy revelador: conectar con las personas es más importante que llevar a cabo lo que tenía planeado antes de subir a la plataforma, y debo estar dispuesto a dejar en la escalera mis planes predeterminados con el fin de conectar con las personas. Quien estaba exponiendo aquel día no conectó con la gente porque siguió con sus planes, y muchas veces ponemos nuestro *cómo* por encima de nuestro *porqué*. La principal razón de ese evento con ochenta mil personas era lograr que la gente se conectara con Dios a través del predicador. Debemos entender que somos como un puente que facilita el tránsito hacia Dios, pero en este caso el predicador ya tenía un *cómo* qué no encajó con lo que la gente necesitaba aquel día.

El principio que quiero establecer en este capítulo es que nosotros somos más creativos cuando conectamos con la gente, cuando entendemos que nuestra principal razón de existir es para conectar con las personas. Si entendemos esto podremos llegar a ser una iglesia realmente creativa. Recuerda que el creativo es uno que resuelve problemas, y el conectar con alguien permite que haya un nexo para que la palabra de Dios puede entrar y hacer su obra.

Cuando el COVID-19 llegó a Perú entendimos que las reglas del juego cambiarían, entonces tratamos de descubrir cómo seguir adelante, de entender cómo hacer iglesia de la mejor manera, porque de pronto pasamos de tener servicios presenciales a servicios *online*. Conversamos mucho con el equipo creativo y con mi padre, y consultamos con amigos para saber qué pensaban ellos, pero hubo una charla en particular que nos sirvió muchísimo. Estábamos vía *Zoom* con mi padre y con Lucas Leys hablando de todos estos temas, y Lucas dijo algo que hasta el día de hoy me marcó: «Taylor, la gente no requiere de mejores producciones, de mejores programas de televisión y de cosas perfectas y hermosas —aunque son necesarias—; lo más importante para la gente, lo que realmente busca y necesita, es conectarse. Si logramos conectarnos con ellos, lo demás será añadido. Conéctate con la gente primero».

156

Esto contiene mucha verdad. Cuando nos pegó el COVID-19, la forma, la liturgia y el *cómo* cambiaron por completo, pero nuestro *porqué* se mantuvo igual. Conectar con la gente es la meta. En Camino de Vida estamos dispuestos a dejar nuestro *cómo* para conectar con las personas, y también estamos dispuestos a remover todo lo que tenemos diseñado para conectar mejor con la gente, ya que una iglesia se vuelve realmente creativa cuando logra conectar con ella, aun por encima de los planes y métodos, y por encima de los *cómo*. Se vuelve creativa cuando sabe autorregularse y entender la importancia de cambiar rápidamente y mantenerse ágil.

Hace años tomé un viaje para conocer diferentes iglesias y aprender un poco más de ellas. En una de ellas conocí a un pastor muy organizado: tenía todos los temas de sus prédicas planeados un año antes (e incluso los había categorizado del 1 al 5); podía mirar su mapa del año y saber en qué temporada del año debía ir a nivel 5 y cuando debía ir a nivel 1, podía mapear su año de predicaciones y entregar una dieta perfectamente equilibrada a su congregación. El equipo creativo amaba esto, porque podía planear sus series de mensajes con mucha anticipación. Yo estuve allí escuchando cómo el pastor y su equipo lo hacían posible, y me maravillé de la forma en que ellos hacían iglesia.

La siguiente semana visité otra iglesia, que era una iglesia muy grande y donde hacían todo de manera muy impresionante. Hablando con su equipo creativo, empecé a relatar mi experiencia de la semana anterior con la primera iglesia que había visitado, y les dije que no veía la hora de volver a Lima para ayudar a mi padre a planear mejor la iglesia con mensajes en series, y fue allí donde ellos me dieron una lección sobre agilidad: «Taylor, ten cuidado de no encasillar a tu pastor en algo que no le quepa o en algo que no encaje», y empezaron a relatarme su experiencia. «Nosotros también intentamos hacer mensajes en serie de forma avanzada y cada lunes planeábamos algo con el pastor, pero cuando llegaba el viernes por la noche nos enviaba un mensaje de texto diciéndonos que había decidido cambiar su mensaje, de manera que toda la preparación para la serie que habíamos hecho ya no servía. Esto ocurrió semana tras semana; estábamos muy frustrados al principio, pero luego decidimos que no podíamos encasillar y obligar a nuestro pastor a trabajar de una manera cuando él quería trabajar de otra. Así que, Taylor, decidimos no ser un equipo grande y robusto pero lento, sino más bien ser uno creativo y lo suficientemente ágil como para ayudar a que nuestro pastor logre plasmar en la congregación lo que Dios le ha dado. Si el pastor quiere un cambio, lo tiene en un santiamén».

Yo fui sacudido con esto, porque me di cuenta de que junto a todo el equipo creativo estábamos forzando a mi padre, al pastor, a ser alguien que realmente no era, y es que habíamos empezado a trabajar con mensajes en forma de series. Hasta el día de hoy recuerdo con cariño muchas de las series que hicimos en ese tiempo: una de las primeras se llamó *Influencia*. Fue magnífica, y luego hicimos otra que se llamó *Historia*. En fin, fueron series que causaron mucho impacto, pero cada vez que estábamos por acabar una serie me acercaba mi padre, a mi pastor, y le decía: «Papá, ¿qué tienes en tu corazón para la siguiente serie?», a lo que él me miraba y me decía: «Por ahora no tengo nada en mi corazón». Entonces le pedía que me avisara, pero como no lo hacía, yo volvía a la carga y lo presionaba diciendo: «Papá, solo nos queda una semana para hacer la siguiente serie, avísame». «Ah, bueno, ¿tú tienes algunas ideas, Taylor?», y entonces yo le daba ideas, alguna de ellas le gustaba y entonces planeábamos sobre esa idea. Al preguntarle «¿Cuántas semanas crees que debería durar esta serie?», él me decía: «No sé, quizás pueden ser tres».

Lo que estaba ocurriendo —y ocurrió durante todo un año— era que *la cola estaba moviendo al perro*, era el equipo creativo el que estaba moviendo al pastor, y cuando yo escuché esto en estas dos iglesias entendí que no hay una forma ideal y única de hacer iglesia, que el equipo creativo debe ser flexible y debe adaptarse a su pastor.

Entonces, llegamos a este punto donde quiero confrontarte con una pregunta: ¿estamos levantando y atesorando nuestros *cómo*? ¿Estamos obligando a que la gente encaje en nuestros planes? ¿O estamos aprovechando todo lo que está a nuestro alcance para conectar mejor con ellos, para servirlos mejor y atenderlos de la mejor forma? Cuando entendimos esto, junto al equipo creativo decidimos volvernos más ágiles, y desde ese entonces el pastor Robert, mi padre, ha tenido a su disposición un equipo que puede moverse rápido; *decidimos* construir un equipo ágil, y con el tiempo nos hemos vuelto también robustos y fuertes. Ahora podemos cargar mucho, pero con una mayor agilidad.

Aquí el principio es simple: somos más creativos cuando decidimos ser ágiles, cuando decidimos conectar más con la gente, cuando decidimos dejar de lado la jugada preestablecida. Todo eso logra una mejor conexión porque los resultados son los que importan.

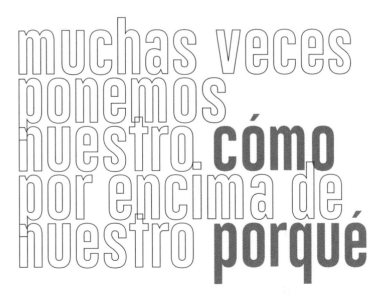

muchas veces ponemos nuestro **cómo** por encima de nuestro **porqué** somos más creativos cuando entendemos que nuestra principal razón de existir es para conectar con las personas.

Conectar con la gente es la meta.

No hay una forma ideal y única de hacer iglesia, el equipo creativo debe ser flexible y debe adaptarse a su pastor.

sección

05

¿Dónde
están los
creativos
de la
iglesia?

CAPÍTULO 21

corazones
dispuestos

Hay un fascinante documental que se llama *Twenty feet from stardom* (en español sería «A veinte pasos del estrellato») y se trata del homenaje a las coristas que llegaron a marcar a toda una generación con la música. Aunque siempre permanecieron en un segundo plano, ellas asistieron en los coros a cantantes como Joe Cocker, Bruce Springsteen y Stevie Wonder, y a bandas como The Beatles y Rolling Stones, entre otros artistas que marcaron una era. Obviamente no eran tan conocidas como los cantantes antes mencionados, pero la parte del documental que llamó mi atención y que quiero compartirles es donde habla de los inicios de estas coristas, de dónde y cómo empezaron a cantar, de dónde y cómo fueron formadas y moldeadas como cantantes.

163

Lo interesante de todo esto es saber que casi todas ellas tuvieron sus inicios en una iglesia, cantando desde niñas en el coro de la iglesia local o liderando alabanzas en diferentes reuniones. Allí es donde dieron sus primeros pasos con la música, y donde aprendieron a guiar y conmover con sus voces. Fue en la iglesia donde estas mujeres fueron formadas.

Me fascinó conocer todo esto porque muchas veces menospreciamos lo que Dios nos da en la iglesia. Quiero recordarles el texto de 2 Pedro 1:3 que leímos al principio de este libro, donde dice que Dios ya nos dio todo lo que necesitamos hoy para hacer lo que él desea que hagamos; él no nos ha mandado a una misión sin equiparnos para ella, pero muchas veces subestimamos lo que tenemos en las manos. También les recuerdo el principio de la parábola de la moneda perdida: la moneda está en la casa. Dios ya nos dio todo lo que necesitamos, pero tenemos que buscar y rebuscar, y cuando encontramos esa moneda (es decir, a esa persona) es donde empieza el proceso de formarla y reformarla. Debes tener mucha paciencia, porque todo esto toma tiempo.

Recuerdo que las personas que integraron el primer equipo creativo ya estaban siendo formadas en la iglesia desde hace tiempo, de manera que cuando iniciamos el equipo ya teníamos la materia prima necesaria. Para entender mejor este punto tenemos que remontarnos muchos años atrás, porque fueron muchos los líderes que contribuyeron a la formación de los integrantes del equipo creativo: por ejemplo, mi cuñado, el pastor Pedro Infantas, quien por los años noventa era líder de jóvenes y empezó a desafiarlos para que realizaran distintos retos. Entre los diferentes grupos de jóvenes que teníamos, cada uno debía hacer *videoclips* (si lo piensas ahora, es como «¿En serio? Videoclips a fines de los noventa con una cámara Hi8, ¿y sin poder editar?», pero fue poniendo la chispa en cada joven para que se diera cuenta de las posibilidades que tenía). Otro ejemplo fue cuando mi madre comienza a trabajar fuertemente con el equipo de alabanza, donde literalmente tuvo que trabajar en reformar la cultura del equipo: cada semana y durante años, ella daba un estudio bíblico sobre qué es la alabanza, depositando sobre el equipo el espíritu de lo que la alabanza representa, y recién después de eso empezaba el tiempo del ensayo.

Podríamos decir que ya estaba en camino la formación de una nueva cultura en la iglesia. Entonces, cuando me tocó ser parte del equipo de líderes y dirigir el equipo creativo, realmente toda la materia prima ya estaba allí; solo faltaba el conocimiento de cómo hacerlo, y a esto quiero llegar. Empezamos sin saber cómo hacer lo que teníamos que hacer, y por eso cuando miro hacia atrás me maravillo, porque no puedo creer que hayamos logrado lo que hemos logrado, no puedo creer que sepamos lo que sabemos, porque cuando miro hacia atrás no sabíamos nada, simplemente teníamos hambre, sed, deseo y voluntad, y todos teníamos un corazón dispuesto para darle con todo.

Creo que allí es donde tenemos que concentrarnos y preguntarnos dónde están los creativos en la iglesia. Existen algunos que quizás ya son capaces o están bien equipados, porque lo han aprendido académicamente, pero aunque suene raro, mejor enfócate en los que aún no están formados y que todavía no son excelentes pero tienen un corazón de oro; empieza con gente que tenga el corazón correcto e invierte en ellos todo lo que tengas. Yo creo que la experiencia está sobrevaluada; prefiero 100% a la gente con el corazón correcto. Con la experiencia que algunos tienen quizás estemos usando el *know how* de la teoría, la que puede ayudarnos ahora, pero que puede perjudicarnos en el futuro.

Estaba hablando con un amigo que es dueño de una cafetería llamada *Café verde*; no solo es el dueño sino que es un *coach* del café y uno de los mejores cafeteros del mundo. Se ha vuelto un buen amigo mío, y conversando con él, un día me dijo: «Sabes, Taylor, estoy harto de contratar a gente que ya sabe cómo hacer café». Yo me quedé perplejo y sin entender. «Estoy harto, porque cada uno que quiero contratar viene con su experiencia y sus conocimientos, y entonces tengo que invertir más tiempo en lograr que desaprendan lo que creen que saben para que luego puedan empezar a aprender lo que yo tengo que enseñarles. Entonces, si en el futuro necesito a un barista o un cafetero, he decidido no contratar más a gente con experiencia, pero sí a gente que tiene el corazón dispuesto para aprender».

Creo que allí está el secreto de cómo levantar gente en tu iglesia, ya sea para que formen parte del equipo creativo o del equipo de administración, ya sean voluntarios o de cualquier otra área en la iglesia. Como líderes, a veces tiramos del anzuelo demasiado rápido porque necesitamos la solución ya, pero creo que Dios desea que formemos a la gente que él ya nos ha dado.

Cuando tú y yo decidimos tomar a alguien que quizás no está desarrollado y vamos formándolo, estamos levantando personas que eventualmente serán referentes no solamente en la iglesia sino también fuera de ella. Serán personas que podrán ser referentes en la mercadotecnia, o quizás sean referentes en el gobierno o en la industria de la música. Si invertimos el tiempo formando gente en la iglesia hoy, quizás ellos sean referentes en cualquiera de los siete montes de influencia mañana. Entonces, ¿por qué no formarlos en la iglesia?

166

¿Dónde están los creativos de la iglesia? La respuesta es que están en la iglesia, pero aún no son los creativos que tú estás buscando; todavía son esa materia prima, ese diamante que por ahora es más parecido al carbón.

Hay un ejemplo que me gusta dar de vez en cuando, comparando a un baterista que crece en la iglesia con uno que estudia en el conservatorio. Si me das a escoger entre ambos, yo escogería siempre al baterista de la iglesia por sobre el que fue entrenado en el conservatorio. Ojo, no estoy diciendo que el conservatorio sea malo (al contrario, es algo muy bueno), pero hay algo intangible que el baterista de la iglesia va adquiriendo con el tiempo, porque ¿cuántas veces crees que el baterista de conservatorio podría tocar frente a una audiencia? Él tiene mucho ensayo, pero ¿cuántas veces tocará en momentos significativos? Quizás sean dos o tres veces por año en algún recital; en cambio, ¿cuántas veces un baterista de la iglesia llega a tocar frente a una audiencia? Bueno, eso depende de la iglesia: en Camino de Vida, probablemente lo haga entre 5 o 7 veces cada fin de semana. Alguien que está siendo formado tiene muchas más chances y oportunidades de ir siendo pulido, levantado y moldeado como aquella persona que Dios desea que sea.

ALGUIEN QUE ESTÁ SIENDO FORMADO TIENE MUCHAS MÁS CHANCES Y OPORTUNIDADES DE IR SIENDO PULIDO, LEVANTADO Y MOLDEADO COMO AQUELLA PERSONA QUE DIOS DESEA QUE SEA.

Una vez más quiero enfatizar que Dios ya nos dio todo lo que él desea que tengamos para hacer lo que él desea que hagamos. La pregunta es: ¿qué es lo que Dios desea que hagamos? Dios no está tan preocupado en que hagamos buenos programas o eventos maravillosos; incluso, no está tan interesado en que hagamos una liturgia perfecta cada domingo (aunque soy un fan de los buenos eventos y de servicios con una liturgia impecable y sin distracciones), pero realmente estamos en el negocio de formar gente. Dios nos ha dado personas, no para utilizarlas sino para formarlas, y formando a estas personas, dándoles oportunidades, creando espacios para ellas y levantándolas, yo creo que tendremos de por sí grandes y maravillosos servicios, tendremos una buena liturgia, tendremos eventos extraordinarios, produciremos buenos economistas, abogados, etc.

En fin, ¿dónde están los creativos? Ya están en la casa. Entonces, hagamos el trabajo que Dios nos ha dado para hacer.

CAPÍTULO 22

un trato diferente

Una vez oí la historia de un director de ballet que llegó a ser uno de los preferidos de todo el mundo. Dicen que en la ciudad donde vivía había dos prominentes salones de ballet, cada uno con sus respectivos elencos y cada uno con su respectivo director. Lo cierto es que todos los bailarines preferían ir con este director en particular, aunque recibieran menos dinero por bailar.

Un día alguien le preguntó a este director: «¿Cómo es que logra constantemente atraer a los mejores bailarines? ¿Por qué todos quieren estar con usted? ¿Cuál es su secreto?», y la respuesta que dio me encantó, aunque puede resultar algo incómoda. Él respondió: «Hago dos cosas: primero, trato a cada uno de forma distinta, los trato de manera diferente. Y segundo, les compro las mejores prendas interiores posibles». Sobre este segundo punto, en realidad nadie sabe lo que tienen puesto debajo de sus atuendos de ballet, pero ese es el secreto: ellos sí lo saben; aunque nadie pueda ver ni saber que son prendas finas, ellos sí lo saben y sienten, y eso hace que su confianza se eleve y se sientan especiales.

Aquí vemos algo significativo: lo que sucede es que el creativo —y específicamente el artista— es un poco diferente a los demás, y no puedes tratarlo como tratas al resto. Esto resulta obvio, pero también es algo que debemos practicar con toda la congregación, con los líderes, los que trabajan contigo, los que suman para levantar la iglesia... ¡a todos deberíamos tratarlos diferente! No estoy proponiendo que le compremos ropa interior a cada uno (eso sería muy inconveniente e inapropiado), pero sí propongo que tratemos a todos de una forma especial, de una forma distinta.

Y ahora, hablando de los creativos, ellos son una especie fuera de lo común, no encajan con los demás en la sociedad, y porque no encajan muchas veces los desechamos. Les conté anteriormente cómo sufrí con mi dislexia; mientras estudiaba en el seminario me sentía como nadando contracorriente, como lo hace una trucha al subir por un río. Yo sentía que no podía avanzar, e incluso sentía que estaba fracasando en la vida; sentía que no estaba saltando como lo hace un conejo. Pero para entender mejor lo que quiero decir, debo explicarlo a través de un cuento que mi padre suele relatar.

En el bosque había una familia de conejos, una familia de ardillas y una familia de patos. Cada una de esas familias tenía sus pequeños, y para formarlos mejor y posicionarlos para el éxito crearon un colegio. Los padres ayudaron a elaborar la currícula: mientras uno dijo «Yo quiero que mi hijo salte», otro padre dijo «Yo quiero que mis hijos aprendan a subir árboles» y el otro dijo «Yo quiero que mis hijos aprendan a nadar». Por lo tanto, se agregaron *Salto*, *Subida de árboles* y *Natación* a la currícula. Los padres quedaron contentos porque esta era muy balanceada, casi perfecta.

Cuando llegó el primer día de clases, el conejo fue a la clase de salto y le encantó, y volvió a casa sintiendo que era el mejor día de toda su vida. En el segundo día le tocó la clase de subir árboles, y en verdad no le fue tan bien, pero con un poco de ayuda logró subir hasta arriba; se rieron de él un poco, y volvió a casa un poco contento. Al tercer día le tocó la clase de nado, y el conejito trataba de nadar y no podía: casi se ahoga, se sintió avergonzado pues todos se burlaban de él, y volvió a su casa frustrado, diciendo que nunca más regresaría al colegio.

170

No existen personas fracasadas, solo hay personas mal posicionadas.

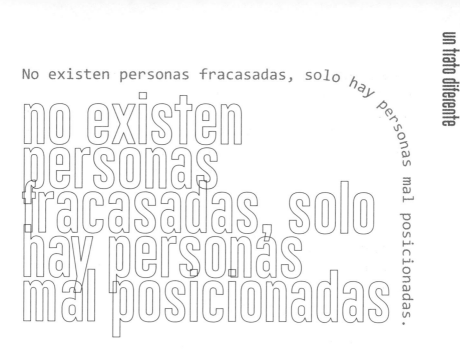

no existen personas fracasadas, solo hay personas mal posicionadas

Al siguiente día los padres fueron a ver al director del colegio y le preguntaron: «¿Por qué nuestro hijo ya no quiere venir?». El director les dijo: «Déjenme ver sus notas: el primer día le fue muy bien en su clase de salto y fue el mejor de su clase, un alumno destacado. El segundo día le fue más o menos en la clase de subir árboles, pero superó al promedio. El tercer día en la clase de natación fue un rotundo fracaso. Bien, hagamos esto: ya que es tan bueno saltando, saquémoslo de la clase de salto y pongamos todo nuestro esfuerzo en la clase de natación».

La lección aquí es que un conejo fue hecho para saltar y no para nadar; tampoco fue hecho para subir árboles. Un conejo fue hecho para saltar. Tantas veces en la sociedad, cuando alguien no encaja en las normas, tratamos de obligarlo a enfocarse en sus debilidades en lugar de en sus fortalezas. Cuando decimos «el conejo salta», estamos refiriéndonos a sus fortalezas; queremos dejar de enfocarnos en las debilidades para enfocarnos en las fortalezas. Por eso, siempre decimos que no existen personas fracasadas, solo hay personas mal posicionadas.

A los creativos que no encajan, que son fuera de lo común, yo los veo como potros salvajes; son como medio inadaptados, pero aun los potros salvajes llegan a ser de los caballos más apreciados. ¿Te imaginas si pudiéramos juntarlos a todos y ayudarlos a encontrar su propósito, que sientan que están floreciendo y que algo va a ocurrir con ellos? Esto me recuerda a la historia de los valientes de David: me fascina esta historia porque todos ellos llegan en ruinas, descartados por la sociedad y en muy malas condiciones, probablemente llenos de vergüenza y de culpa, porque no encajaron en la sociedad y no les fue bien en la vida, pero David los toma y luego de que pasan un tiempo con él, se vuelven algunos de los hombres más respetados de Israel.

Cuando yo pienso en esa historia, literalmente pienso en los creativos; no solo los que están en la iglesia, sino también los que están en la sociedad, los que están en todas partes, en la gente que no encaja y que es rechazada, porque no queremos gastar nuestra energía en tratar de ubicarlos en el lugar correcto, o porque no tenemos tiempo, y terminamos menospreciando lo que Dios nos dio. Pero quiero que sepas que Dios nos dio personas y no proyectos; cuando los rechazamos o no les damos importancia, también terminamos perjudicándonos a nosotros mismos, porque Dios nos los dio no solo para levantarlos, sino por el tremendo potencial que ellos pueden aportar para hacer avanzar su causa.

Yo entiendo que los creativos son tediosos y que no es fácil trabajar con ellos; yo sé esto porque yo soy uno de ellos. Quizás mis amigos y colegas hayan pensado y dicho exactamente lo mismo sobre mí, y lo sé, porque yo también he pensado y dicho exactamente lo mismo de otros. Pero aquí tenemos que entender que yo soy quien soy hoy, un pastor y un creativo, porque tuve padres que creyeron en mí en cada paso del camino; también hubo otras personas que decidieron tomar de su tiempo para formarme con mucha paciencia, darme oportunidades y chances para que yo pudiera superar mi depresión, mi dislexia, mi ansiedad, mis malas costumbres, mi flojera y mis hábitos erráticos, para que yo pudiera poco a poco ser formado en alguien que puede formar a otros.

Una buena manera de ver esto, de ver cómo tratar con gente creativa que a veces tiene tendencia a deprimirse, a estar enojado o frustrado, es tomando el ejemplo de Mario Bros. Yo sé que esto suena chistoso, pero sígueme por un momento.

En *Mario Bros 2*, Mario tiene la capacidad de volar usando su capa: él puede volar a alturas impresionantes si sabes cómo manejarlo, puede llegar a alturas y descubrir niveles secretos, pero la forma para que Mario pueda subir más es bajando un poco y luego abriendo su capa, y luego subiendo y bajando lentamente, y luego rápidamente hacia arriba, y en ese subir y bajar se va encontrando el ritmo necesario para poder volar alto. Para mí es muy parecido a un creativo que se deprime y tiene momentos donde no se siente bien, tiene sus bajones, se cuestiona por qué se siente así y se pregunta si acaso Dios no tiene algo mejor para él, pero luego entiende que Dios no lo creó para estropearle la vida, entiende que Dios lo creó para que él sea él.

173

Yo creo que cuando el creativo tiene tendencias a la depresión y entiende que Dios le dio esos momentos para aprovecharlos, puede notarlo y, al estar en su punto bajo, al tener ese bajón, puede aprovecharlo como inercia, para abrir esa capa y subir, y poco a poco encontrar su ritmo. La vida de un creativo no es evitar los bajones o sentirse un inadaptado, más bien consiste en aprovecharla y tomar ventaja de ello. Allí podrás descubrir que el creativo tiene la habilidad especial de llegar a niveles que nadie más se imagina.

Es fascinante saber que las mejores canciones de la historia han sido escritas por personas que pasaban por momentos difíciles, las mejores ideas han salido de momentos de conflicto, las personas más brillantes siempre tuvieron algo de dificultad para salir adelante. Entonces, ¿dónde están los creativos en la iglesia? Están allí; busca a los inadaptados, busca a los potros salvajes, encuentra la gente que no encaja, atráelos a ti mismo, y verás que ellos tienen todo el potencial para ser más de lo que tú crees. Creo que la clave es que David pudo recibir a estos inadaptados, a estos valientes, porque él sabía que también era un inadaptado.

Hay algo clave para levantar gente creativa: solo se trata de entender que hemos recibido tanta gracia que solo nos corresponde dar de esa gracia, dar confianza de la confianza que hemos recibido, dar oportunidades de las oportunidades que hemos recibido, y levantar a otros, porque fueron otros, a su vez, quienes nos han levantado.

¿Dónde están los creativos en la iglesia? Están aquí mismo.

CAPÍTULO 23

Espacio para fracasar

Recuerdo cuando aún era estudiante y estaba sirviendo en una iglesia de Atlanta como diseñador gráfico, y trabajaba allí a tiempo completo pero sin recibir ningún salario. En esa iglesia tuve una experiencia que me marcó para siempre: hasta el día de hoy, mucha de mi formación como líder y creativo la adquirí durante el tiempo en que estaba sirviendo en esa iglesia.

En una ocasión recuerdo que a mis dos compañeros y a mí se nos dio la tarea de hacer los videos, toda la gráfica y la decoración para una importante conferencia de la iglesia. Fue un gran momento para nosotros, aunque sabíamos que no teníamos el nivel que la situación requería y no estábamos a la altura de semejante proyecto. Pero los líderes que teníamos confiaron en nosotros, así que muy emocionados empujamos hacia adelante. Yo diseñé las maquetas de los *banners* gigantes que estarían colocados en todos los ambientes de la iglesia; a todos les encantó la propuesta y me pidieron que los imprimiera, pero como no sabía imprimir *banners* tenía que enviarlos a una casa que se dedicaba a eso.

Recuerdo que se acercaba la fecha de entrega y yo estaba trabajando duro, pero estaba costándome terminar el trabajo; después de algunas amanecidas, al final logré enviar los archivos a la imprenta, pero lamentablemente fuera de tiempo. La imprenta hizo su mejor esfuerzo, pero finalmente los *banners* no llegaron, y la conferencia empezó sin la decoración prometida. El evento salió muy bien, todo estaba bien, pero solo había un pequeño detalle: no había *banners* en ninguna parte de la iglesia. Todo dependía de ellos: la decoración del escenario, la del ingreso, la del hall, la de los pasillos... Yo estaba destrozado, y mis compañeros también lo estaban, porque realmente nos habíamos esforzado con todo nuestro ser y fallamos.

Recuerdo que la hermana que nos lideraba, Dona Crumbley, nos juntó esa noche después de la reunión —porque tuvimos que esperar hasta esa hora para conversar—y realmente nos dio duro: «Yo confié en ustedes y no cumplieron, no puedo creerlo. ¿Qué fue lo que pasó? ¿Por qué no hicieron las cosas a tiempo?». Mis amigos y yo sentíamos que nos hundíamos cada vez más, y le dijimos: «Tienes toda la razón, lo sentimos mucho; por favor, perdónanos». Y después de llamarnos la atención, nos dijo: «Acabo de salir de la reunión con el pastor y el grupo de liderazgo, y quiero que sepan que yo tomé toda la culpa por ustedes y asumí toda la responsabilidad. Ellos piensan que todo fue mi culpa, y no de ustedes. Yo los cubrí, así que ahora quiero ver que ustedes mejoren y sigan adelante; estoy creándoles espacio para que corrijan sus errores y aprendan de esta experiencia. ¿Qué dicen? ¿Seguimos adelante?».

176

Recuerdo esta experiencia de liderazgo como si fuera ayer. Ella nos defendió a capa y espada, nos protegió, nos hizo sentir el calor pero no nos expuso al fuego; nos hizo sentir la presión pero no nos aplastó. Creo que como líderes de creativos tenemos que aguantar épocas malas, tenemos que saber que habrá momentos en los que la gente en quien depositaste más tu confianza puede fallarte, porque es en las malas temporadas en las que uno aprende quizás más que en las buenas temporadas; es en los fracasos donde uno adquiere experiencia y se vuelve realmente más valioso para sí mismo y la organización o iglesia. Creo que entender esto es fundamental y es clave para la formación de gente creativa, es una parte básica de cómo un creativo es formado.

Hay una historia que realmente no sé de dónde nace, una de esas que los predicadores cuentan de vez en cuando. Dice que el gerente general de una transnacional —que tenía diferentes cuentas grandes a su cargo— en cierta ocasión tomó una mala decisión que causó la pérdida de cientos de miles de dólares. Esta persona se sabía responsable de ese error, por lo que pensó: «Admitiré mi error, e iré donde el presidente de la compañía a entregar mi carta de renuncia antes de que me despida». Escribió la carta, fue al despacho del presidente de la compañía y se la entregó. El presidente lo miró y le dijo: «¿Qué haces?». El gerente general dijo: «Yo sé que por mi culpa hemos perdido mucho dinero, y lo siento mucho; antes de que me despida, admito mi error y renuncio», pero el presidente respondió: «No voy a aceptar tu renuncia. Quiero que te quedes aquí y sigas adelante, porque tú eres más valioso hoy de lo que lo eras antes de esta mala decisión. Acabamos de invertir cientos de miles de dólares en tu formación para hacerte un mejor gerente general; yo creo en ti y también creo que nunca más volverás a cometer ese mismo error».

¡Cuánto amo esta historia! Es que los creativos son gente muy consciente de sus fracasos y errores; no tienes que darles un golpe extra para que aprendan su lección, ellos ya son duros consigo mismos. La dureza que tú puedas darle a un creativo es nada comparada con la dureza y la exigencia que un creativo se pone sobre sí mismo. En cambio, cuando tú los defiendes, creas un lugar seguro para que ellos puedan fracasar; ellos llegarán a ser mejores creativos y personas más valiosas que puedan seguir haciendo aportes a la sociedad a la cual pertenecen.

Hay que entender esto: nadie nace totalmente hábil, todos tenemos que ser formados. Mi padre constantemente se lo repite a otros predicadores. Él siempre dice: «Mi primera prédica no fue una buena prédica, y ahí es donde te digo a ti que estás leyendo esto: tu primera prédica no fue una buena prédica, mi primera prédica no fue una buena prédica, y eso es verdad, pero tenemos que aguantar a gente que da malas prédicas con el fin de ir formándolos y ayudándolos en el camino para que lleguen a ser grandes predicadores y predicadoras». Cuando entendemos que debemos crear espacios para que la gente pueda ganar experiencia para ser formados, tenemos que estar dispuestos a soportar malas temporadas.

Recuerdo cuando estábamos por abrir sedes en Camino de Vida (antes éramos una iglesia en un solo local) y empezamos a observar y estudiar los diferentes modelos de iglesia que estaban teniendo éxito. En algunos casos había iglesias donde el pastor principal grababa un mensaje que luego se repetía por video en las diferentes sedes; nos encantó ese modelo, porque sin importar la sede a la que asistan, todos reciben el mismo mensaje, toda la congregación recibe la misma dieta, y nos pareció algo excelente. Luego vimos iglesias con un modelo diferente, donde en cada sede predica un pastor diferente, y al investigar más vimos que no les dicen a los pastores qué predicar, sino que les dan libertad para que ellos mismos preparen sus mensajes.

Nos pareció tan curioso encontrar estos dos modelos, uno en video y el otro de predicación libre con un pastor presencial, que nos preguntamos qué haríamos y cuál modelo escogeríamos, a lo que mi padre propuso que nos fijáramos en el fruto de cada modelo. Vimos que las iglesias cuyos servicios son en video tienen unos números impresionantes, con sedes a nivel nacional (incluso la iglesia más grande de los Estados Unidos tiene este sistema), y observamos que en estas iglesias mayormente solo se reconoce al pastor principal, quien es el que se comunica con la congregación cada domingo por video, pero así no podemos conocer a los demás pastores de la iglesia. Observando el otro modelo (similar al que usa Hillsong, donde en cada sede hay un pastor predicando en forma presencial), vimos que ellos tienen por lo menos treinta predicadores cada semana. ¡Wow, quién no quisiera tener a cualquiera de ellos como invitado en una conferencia!

Nos encantó ver que Brian Houston les da libertad para que los predicadores se desarrollen, y esto ha provocado que tengan algunos de los mejores predicadores en el mundo, así que decidimos que íbamos a replicar ese modelo. Y es que no queremos crear seguidores del pastor Robert, sino que queremos crear líderes y formar comunicadores, y ahí es donde decidimos que en cada sede que abramos habrá predicadores en vivo que compartirán temas libres, porque lo que nos importa es el corazón con que predican la Palabra, más que la forma exacta o perfecta como lo hacen. Y decidimos confiar en que el Espíritu Santo vaya entretejiendo nuestras vidas en el nombre de Jesús.

Como fruto de esa decisión, Dios nos ha permitido tener una bandeja de entre quince a veinte predicadores que es impresionante, y que son muy buenos en comunicar la Palabra. A decir verdad, cuando todos empezamos a predicar no éramos muy buenos, pero hoy en día tenemos una increíble calidad de predicadores. ¿Por qué es esto tan importante? Porque a cada uno de nosotros se nos dio un espacio para fracasar con seguridad, un espacio seguro en donde, si fracasamos, no seremos juzgados por el pastor Robert o por la pastora Karyn. Entonces, ¿por qué tenemos tantos buenos predicadores? Porque los pastores de Camino de Vida decidieron que van a soportar las malas temporadas y las malas prédicas, y además van a darles la chance de desarrollarse y crecer.

Mientras atravesamos la pandemia del COVID-19, una época muy loca donde el mundo fue paralizado como nunca antes

en la historia, entre las primeras conversaciones de liderazgo que tuvimos en Camino de Vida para ver cómo podíamos
avanzar y seguir haciendo iglesia de la forma más efectiva en
medio de esta pandemia, varias veces nos quedamos estancados diciendo «¿Pero será lo correcto? Todo será virtual...
pero ¿será lo adecuado?», y por un momento nos congelamos
porque no queríamos fracasar, queríamos acertar. Pero ¿cómo
podemos estar seguros de acertar?

En ese momento nace una frase que se volvió un norte para
nosotros, algo a qué apuntar: *preferimos fracasar rápido que
acertar lentamente.* Preferimos equivocarnos rápido para así
aprender más rápido; cuanto más rápido nos equivocamos,
más rápido aprenderemos, y honestamente, cuando miro hacia atrás y veo todo lo que Dios hizo a través de esa decisión,
creo que nos ayudó a reforzar y reimpulsar una cultura que
ya estaba instalada en Camino de Vida, la de que tenemos
que intentarlo y darle con todo aunque parezca imposible;
y si fracasamos, no nos preocupemos, que igual seguiremos
empujando hacia adelante.

Honestamente, fracasamos tantas veces que esto nos permitió aprender mucho, y con ese aprendizaje pudimos regalar a
otras iglesias en América Latina las soluciones creativas que
fuimos desarrollando.

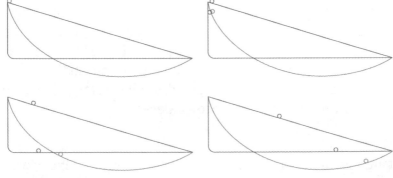

Esto es parte de lo que llaman la *curva braquistócrona* o *curva del descenso más rápido*, donde se demuestra que la forma más rápida y eficaz de que una bola llegue de un punto A a un punto B no es a través de una trayectoria recta sino a través de una curva, y esto se logra porque la bola desciende por la curva más rápidamente; entonces, cuanto más rápido cae la bola, más rápido llega a su destino.

¿Por qué no hacemos esto con nuestros equipos?

Creo que allí es donde vamos aprendiendo que somos una iglesia dispuesta a aguantar malas temporadas, porque así vamos a ser formados, vamos a crecer más rápido y seremos una iglesia más creativa. Es que cuando uno es creativo siempre está ideando soluciones, pero no siempre la solución que tú propones será la correcta; pero, al igual que tantos otros inventores que no se rindieron, tenemos que probar, probar y probar hasta que encontremos la solución.

Entonces ¿dónde están los creativos de la iglesia? Están allí, esperando a que como pastor o líder les des un espacio seguro donde puedan fracasar y a la vez aprender, y por eso los invito a generar espacios donde soportar malas temporadas y hacer que el aprendizaje sea algo deseable.

ES EN LAS MALAS TEMPORADAS EN LAS QUE UNO APRENDE QUIZÁS MÁS QUE EN LAS BUENAS

■ ■ ■ ■ ■

confiar en adolescentes

Cuando nos propusimos el objetivo de mejorar el nivel de las grabaciones de nuestras prédicas dominicales, solamente teníamos un par de cámaras Hi8 muy caseras y hacíamos todo lo posible para que funcionaran bien (honestamente, no era un buen producto, pero era lo mejor que podíamos ofrecer). Luego, alguien vio esto (creo que Dios tocó su corazón) y prometió que nos regalaría tres *Handycam* semiprofesionales, es decir, muy buenas cámaras (lo mejor que habíamos tenido hasta ese momento).

Cuando llegaron las cámaras fue un momento histórico para nosotros: estábamos fascinados con ellas, con los trípodes, con cada parte y detalle. Recuerdo que decidimos convocar a gente que trabajaba en medios de comunicación y en noticieros, a editores y camarógrafos, todos miembros de la iglesia, y la convocatoria fue para invitarlos a formar parte del equipo. Todos se emocionaron, se pusieron las pilas y dijeron que sí. Luego de eso, tuvimos varias reuniones más para establecer un código visual para manejar la imagen y para probar en qué ángulos y posiciones debería estar cada cámara, y otras reuniones extra de planeamiento.

Llegado el primer domingo todo salió increíble, el segundo y tercer domingo igual; en el cuarto domingo hubo una persona que no llegó, pero con dos cámaras sacamos adelante el servicio. Fue pasando el tiempo y poco a poco los camarógrafos profesionales no podían llegar, hubo un domingo que llegó solo un camarógrafo, y al siguiente domingo no vino nadie. Era muy frustrante, porque teníamos estas cámaras que Dios nos había dado y no estábamos usándolas, no estábamos cumpliendo con nuestro deber y nos preguntábamos qué estábamos haciendo mal. Cuando empezamos a llamar a los camarógrafos preguntándoles si estaban bien o si les había sucedido algo, nos respondían sobre sus diferentes ocupaciones, sobre sus cambios de horarios en el trabajo; otros se excusaban y nos decían que irían el próximo domingo o la próxima semana. Todos respondían con buena onda y de buena gana, solo que no podían cumplir.

Tratando de encontrar una solución, hablando con los pastores y con líderes de diferentes áreas, finalmente decidimos abrir las puertas para que gente sin conocimiento previo nos ayudara, y pusimos nuestros ojos específicamente en los adolescentes de la iglesia. Estábamos seguros de que los adolescentes se animarían a tomar el reto, y nos arriesgamos a poner esas valiosas cámaras en sus manos; algunos no estaban de acuerdo y decían que ellos no serían responsables, que las echarían a perder y las romperían. «Bueno», les dije, «quizás todo eso es cierto, pero si los entrenamos y levantamos, yo creo que sí va a funcionar; además, de igual manera no estamos usándolas, porque los que sí saben usarlas no pueden hacerlo».

Hicimos otra convocatoria, pero ahora ya no eran profesionales los que estaban en la reunión, sino que ahora eran un montón de adolescentes. Todos ellos se pusieron las pilas, aprendieron todo lo que les decíamos y tuvieron sumo cuidado cada vez que tomaban en sus manos esas cámaras.

Cuando miro hacia atrás, veo que la decisión de apostar por los jóvenes fue acertada, y puedo constatar que a través de los años hemos logrado desarrollar la costumbre de apostar por los adolescentes; yo diría que eso ya es parte de la cultura de Camino de Vida.

Pastores de otras iglesias nos preguntaban cómo le dábamos a unos niños algo tan costoso, ya que iban a destruirlo. Y sí, quizás se nos han caído una o dos cámaras, es cierto, pero aun así, no cambiaría por nada la decisión tomada, porque hemos invertido en chicos y chicas que con el pasar de los años son ahora profesionales en la industria de las comunicaciones, tienen experiencia y siguen enganchados con la iglesia. Me encanta esto, porque además se generó un incremento de adolescentes sirviendo en la iglesia cada domingo, al igual que los sábados en las reuniones de los jóvenes. Eso causó una revolución de servicio entre los adolescentes en otras áreas de la iglesia, y ahora también estaban participando como ujieres, en seguridad, en mantenimiento y en otras áreas. Dejaron de estar en la banca para entrar a la cancha, listos para jugar el partido.

Es increíble todo lo que puede ocurrir cuando depositamos nuestra confianza en alguien, y es satisfactorio ver cómo ellos suplen todas las expectativas con creces, cómo se levantan en los momentos de necesidad y responden mejor de lo esperado; y esto especialmente ocurre con adolescentes, los cuales muchas veces son subestimados en sus capacidades.

Yo recuerdo que la primera vez que tomé una cámara de vídeo fue a los 24 años, y literalmente tomé una cámara de fotos más o menos en ese mismo tiempo. Sabiendo esto, me hago la pregunta: ¿qué hubiera sido de mí si alguien me hubiera dado la oportunidad de tomar una cámara cuando aún era adolescente? Estoy seguro de que me hubiera desarrollado muchísimo antes de lo que finalmente lo hice. Es que creo que cuando decidimos depositar nuestra confianza en un adolescente, no solamente levantamos el nivel de expectativa en ellos sino que también estamos diciéndoles «bienvenidos a la mesa». Ya no tienen que estar en la mesa donde comen los niños; ahora son bienvenidos a la mesa principal donde está sentada toda la familia.

Recuerdo cuando Hillsong United vino a Lima y Camino de Vida fue la iglesia anfitriona de esa gran noche de alabanzas. Fue un tiempo extraordinario, nos partimos enteros planeando y armando todo, haciendo lo posible para que el lugar se llenara con más de veinte mil personas. El evento fue un éxito total, fue una de las historias que recuerdo con más agrado, y esta es la razón: para aquel evento tuvimos que contratar un camión de televisión (de esos que van a los estadios para grabar los partidos de fútbol y transmitir la señal en vivo), y que tiene todo el equipamiento y el sistema tecnológico de un estudio de televisión, ya que estamos hablando de un nivel de lo más profesional.

Cuando contratamos el camión, la empresa nos preguntó si necesitaríamos camarógrafos; nosotros dijimos que no hacía falta, pues teníamos los nuestros. Al llegar el día del evento, el camión llegó temprano por la mañana, la persona que llegó para conectar los cables nos preguntó dónde estaban los camarógrafos, y nosotros señalamos al montón de adolescentes que estaban a un costado, sentados y esperando su momento. Cuando el encargado los vio, dijo: «No, ellos no pueden ser, de ninguna manera. Son muy pequeños, ¡ellos no podrán hacerlo, no lo lograrán!», y tuve que decirle que confiara en nosotros. Llamé a Michel (por ese entonces tenía unos 11 años) y le dije: «Michel, esta es la cámara», y el encargado dijo que iba a enseñarle cómo se manejaba, que eso se giraba así, que esto servía para tal cosa, que tuviera cuidado con el *zoom*, etc., y finalmente le dio la cámara.

De repente, con solo 11 años, Michel toma la cámara y la maneja como todo un profesional, logrando que el encargado del camión quedara impresionado y preguntando cómo sabía hacer eso. Por supuesto, tuvimos que explicarle que cada domingo hacíamos lo mismo en nuestra iglesia, obviamente no con cámaras de la misma calidad que esas, pero que ya llevábamos un tiempo haciéndolo.

Al empezar el concierto teníamos seis cámaras, siendo manejadas cada una de ellas por adolescentes; y no exagero, pero esa noche la imagen fue impecable, la noche fue perfecta en lo que se refiere a cómo captamos lo visual a través de las cámaras. Cuando terminó el evento, y luego de guardar todo el equipamiento, el encargado me dijo: «Cuando quiera hacer un evento, ya sé a quién voy a llamar, porque ustedes tienen los mejores camarógrafos de todo Lima».

¿Sabes una cosa? No se trata solamente de capacidad, sino también de actitud, de cómo respondes; se trata de la seriedad con la cual hacemos nuestro trabajo. Entonces, ¿dónde están los creativos en la iglesia? ¿Dónde están los que estamos buscando? La respuesta es que ya están allí, y la mayoría de ellos no parecen ser lo que necesitamos porque son adolescentes, pero si decidimos confiar en ellos veremos lo que Dios puede hacer en sus vidas. Y esto me hace recordar que Dios confió en María y José, unos adolescentes, la responsabilidad de criar al Salvador del mundo. Dios Padre puso a su hijo en manos de dos adolescentes. ¿Cuánto más nosotros debemos depositarles nuestra confianza y darles oportunidades en nuestras iglesias?

No subestimes lo que puedas provocar cuando deposites tu confianza en alguien, especialmente si es un adolescente.

Los adolescentes dejaron de estar en la banca para entrar a la cancha, listos para jugar el partido

CAPÍTULO 25
Dándolo todo

Es bueno que el joven cargue el yugo en su juventud. Este pasaje me lo repitió mi padre muchas veces durante los primeros años, mientras lideraba la formación del equipo creativo, y es una verdad que no entendí al inicio, pero con los años estoy muy agradecido por ello.

Cuando empecé a trabajar en Camino de Vida realizando trabajo creativo, en realidad no sabía lo que estábamos haciendo, solo estábamos tomando un paso tras otro, y la única forma en la que yo sentía que estaba avanzando de manera significativa y consiguiendo logros era dándole con todo, trabajando muchas veces durante dos días seguidos —literalmente—, durmiendo en la oficina de creativos de la iglesia y sin volver a casa, porque esa era la única forma en que sentía que estaba siendo productivo. En ese tiempo no trabajábamos con horarios, más bien era por proyectos; en las temporadas donde había muchos proyectos trabajábamos un montón, y en las que no había mucho trabajo vivíamos una vida relajada en la oficina, jugando con la *PlayStation*.

Cuando miro hacia atrás y trato de entender cómo empezamos a desarrollar esta cultura de darle con todo, me doy cuenta de que fue así porque éramos parte de una iglesia que nos lo permitía. Muchas veces estuvimos dos o tres noches seguidas para sacar adelante proyectos, y cuando se acercaba una conferencia podíamos pasar toda una semana sin parar y dándole con todo; a veces mi padre miraba que yo salía de la cueva de creativos después de tres días y me decía: «Taylor, no has venido a casa por dos noches. ¿Estás bien? ¿Has comido?» (por ese entonces todavía era soltero y vivía con ellos), a lo que respondía: «Estoy cansado, pero lo logramos». Y en ese momento, me confesó: «Muchas veces he querido detenerlos, porque me da mucha pena verlos trabajar tan duro, pero luego recuerdo que cuando yo tenía tu edad hacía lo mismo, tenía muchos trabajos y amanecía en la iglesia avanzando en lo que tenía que hacer, y cuando quería tirar la toalla o estaba cansado, me decía a mí mismo: "Es bueno que el joven cargue el yugo en su juventud"».

A mi parecer, estamos demasiado preocupados porque la gente no se «queme» o no se lastime, por lo que realmente dejamos de empujar. Cuando no permitimos que los creativos corran al 100% de su capacidad, realmente no estamos ayudándolos para que puedan llegar a ser quienes pueden ser; por el contrario, cuando les ponemos un límite porque pensamos que se lastimarán si siguen esforzándose estamos perjudicándolos y evitando que ellos corran como deben. Como lo mencioné unos capítulos antes, el creativo es un potro salvaje; la forma de vida natural de un creativo es vivir desbalanceado, y en mi opinión, la mejor forma de trabajar de ese creativo es en el desbalance. Es más, se requiere de un desbalance para poder crear *momentum* e inercia positiva.

En Camino de Vida no teníamos una cultura de creativos, ni de arte, ni de diseño, ni de artes escénicas, y ni siquiera teníamos una cultura para hacer música, por lo que tuvimos que reestablecer la cultura, reformar los hábitos y recrear nuestra propia forma de operar y de trabajar y, al hacerlo, muchas áreas fueron ajustadas y cambiadas.

Hacer esto requirió de una cantidad de energía impresionante; no se logró de la noche a la mañana, sino que tuvimos

190

que invertir muchísimo tiempo para lograrlo. Fue una vida totalmente entregada, pero valió la pena. Es que el creativo está hecho para correr, para ir a toda velocidad.

Hace un tiempo atrás, junto a unos amigos hicimos un viaje de cinco días en moto y fue una experiencia increíble. Cada noche nos sentábamos y conversábamos de diferentes experiencias, y en una de esas noches, mi amigo Jeremi nos contó que cuando él era más joven y aún soltero, fue a comprarse la moto de sus sueños: una Ducati 990. Era la moto con la que había soñado por mucho tiempo. Por fin tenía el dinero para comprarla, así que lo hizo, y la compró sin siquiera subirse en ella para probarla (literalmente, la primera vez que se subió a su moto soñada fue cuando la sacó de la tienda). Luego, él contó que cuando se sentó en la moto por primera vez sintió un sonido en el carburador que era muy extraño, por lo que le preguntó al vendedor: «Mira, esta moto es demasiado costosa y fina para que suene así de feo. ¿Tiene algo mal?».

El vendedor le respondió: «Primero, busque una carretera larga y asegúrese de acelerar la moto a toda velocidad hasta que supere las 100 millas por hora, y después me cuenta». Jeremi agradeció la respuesta y salió con la moto; ese ruido todavía lo perturbaba, pero cuando llegó a las 100 millas por hora, la moto se puso como una seda y empezó con su andar impecable. El tema es que esa moto fue hecha para ir a grandes velocidades y no para dar un paseo por el parque. Eso fue algo que me capturó, porque creo que los creativos son exactamente iguales: yendo lento, siendo equilibrado, un creativo no va a poder lograr todo lo que debe porque su potencia recién se alcanza cuando está yendo a toda velocidad. En mi opinión, un creativo real es más como un avión a punto de despegar: requiere una buena pista de despegue, y para poder volar necesita tomar carrera y ganar velocidad. Recién después de una distancia larga podrá despegar (debo admitir también que hay unos pocos creativos que son diferentes, son más como un helicóptero; no requieren ninguna pista de despegue porque pueden hacerlo en cualquier espacio sin tener que tomar vuelo).

Pero volviendo al creativo de alta capacidad que puede llegar muy lejos y hacer grandes cosas, él requerirá de una pista de despegue: si tú interrumpes su despegue, él tendrá que dar la vuelta y volver a la cabecera de pista, porque no puede elevarse desde la mitad de la pista.

Otra forma de describir a un creativo, a mi parecer, es que siempre está donde hace calor. La imagen que tengo en mi cabeza es el calor de la cocina. Hay una frase que se escucha mucho que dice: «Si no te gusta el calor, sal de la cocina», y yo agregaría: «Si no te gusta la presión, entonces sal de la cocina». Con el tiempo he encontrado que los creativos aman el calor y la presión, aman el momento de empujar con todo y sacar algo adelante, aman eso; entonces, si la pregunta es dónde están los creativos de nuestras iglesias, diría que están en el calor de la cocina, están con las manos en la masa, metidos en todo lugar que es difícil, porque el creativo verdadero es alguien que resuelve problemas. Entiéndase bien: el creativo no ama fabricar momentos de estrés o momentos difíciles, pero sí ama el ser alguien que provee una solución. Es lo más parecido a un bombero que ama correr hacia fuego para apagarlo. Un bombero nunca huye del fuego, ama entrar a un edificio que está incendiándose y, de igual manera, cuando la mayoría de la gente huye del calor, el creativo corre hacia él. Por eso, cuando tratamos de proteger a los creativos, terminamos haciéndoles más daño o los terminamos aburriendo.

Los creativos que tenemos en Camino de Vida siempre están buscando algo más por hacer, y eso es algo que hemos permitido y que incentivamos. Si estamos en temporada baja (no hay muchos momentos así), los animamos a que busquen otros trabajos, que hagan *freelance*; siempre estamos diciéndoles que se expriman, que hagan lo más que puedan. Pero ahora tú estás pensando: «Leo lo que tú has escrito ahora, pero ¿cómo evito que el creativo se "queme"?». Bien, aquí concluyo con esto: mi trabajo no es evitar que el creativo, o cualquier otra persona o líder de la iglesia se queme; mi trabajo es estar con él y ayudarlo a levantarse después de que se ha quemado.

Hay una cosa fascinante que es totalmente cierta: no pasa un año en el cual no sienta que me he quemado entre dos y cuatro veces. Me di cuenta de esto cuando le hice esta pregunta a mi padre: «Papá, ¿alguna vez te has sentido quemado?», a lo que me respondió: «Sí, mínimo una vez al mes». Un creativo real, un hacedor de soluciones es alguien que no evita quemarse; más bien trata de volver a levantarse cada vez que se quema. Yo no quiero servir bajo la dirección de alguien que nunca se haya quemado; quiero responder a alguien que ya se ha quemado, porque él sabrá levantarme cuando yo mismo me haya quemado.

¿Dónde están en tu iglesia los creativos, los que traen soluciones a problemas, los que resuelven asuntos complicados? ¿Dónde están? Los creativos están en el calor de la cocina.

Cuando cuento que en los primeros años de Camino de Vida nos metimos fuerte y con todo, esa es una realidad que hoy está más vigente que nunca, y esa cultura permanece fuerte hasta el día de hoy, porque la cultura de los creativos de la iglesia es siempre dar el 200%.

Termino este libro diciendo esto: la primera milla está congestionada, pero la segunda ya está despejada.

LA PRIMERA MILLA

ESTÁ CONGESTIONADA,

PERO LA SEGUNDA

YA ESTÁ DESPEJADA

APÉNDICE

El cielo es el límite

¿Alguna vez te has puesto a observar con detalle una flor? ¿Te has dado cuenta de que no hay una flor igual a la otra? ¿Has visto dos atardeceres iguales? ¿A dos personas idénticas? Nunca, ¿verdad?

Uno de los atributos que más admiro de Dios es su creatividad. Él es un Dios creativo, un Dios de detalles, y a través de su creación vemos cuánto nos ama. Todo lo hizo a la perfección, con los mejores materiales, formas, colores e ideas; su ingenio no tiene comparación y su creación nos habla de él. «Tuyo es el cielo, tuya es también la tierra; tú creaste el mundo y todo lo que hay en él» (Salmos 89:11 - TLA). Dios hizo los cielos, el mar, el agua, los pájaros, ¡todo lo que existe!

Según el diccionario, la creatividad es la capacidad o facilidad para inventar, crear o generar nuevas ideas y conceptos. Estos nuevos conceptos pueden nacer de asociaciones de ideas y conceptos conocidos para producir soluciones originales, y esos pensamientos originales nacen de la imaginación.

Dios nos hizo a su semejanza, es decir que nosotros también tenemos la capacidad de crear. A esto podemos verlo fácilmente en los niños, ya que ellos son muy creativos. Dale una caja a un niño: ¿qué puede hacer con esa caja? ¡Muchísimas cosas! Una casa, un automóvil o una nave con la que puede viajar al espacio. ¿Por qué? Porque su creatividad no tiene límites. Pero cuando crecemos y nos volvemos adultos, las malas experiencias que tenemos en la vida frustran nuestra creatividad; además de eso, con el paso del tiempo nos enseñan una frase que repetimos tanto que nubla nuestra imaginación: *No se puede*. Sin embargo, yo creo lo que dice la Biblia: «... nada hay imposible para Dios» (Lucas 1:37

- RVR1960), así que soy una persona creativa, y cuando se me ocurre una idea nueva ¡me lleno de energía! Me gustan las ideas originales e ingeniosas, me parecen muy emocionantes.

Durante años no tuvimos dinero en nuestra iglesia, así que un día oré y le dije al Señor: «Danos dinero, por favor», y él me respondió: «No». *What?* Entendí que al no tener dinero nos tocaba ser creativos. Cuando no hay dinero vemos a Dios haciendo grandes milagros, como cuando multiplicó los cinco panes y los dos peces (Juan 6:1-15), y creo que si trabajamos de la mano de Dios veremos muchos milagros.

Mi esposo y yo teníamos sueños para la iglesia, como hacer obras de teatro, tener una iglesia con muchos jóvenes, un café donde la gente pudiera escuchar música cristiana, una iglesia de niños que fuera espectacular, hacer programas de televisión, etc., pero no teníamos dinero, así que nuestras mejores ideas fueron el resultado de oraciones no respondidas. No teníamos recursos económicos pero sí inteligencia, teníamos muchas ideas y aprendimos a ser recursivos y a hacer lo mejor con lo que teníamos en la mano. Mi esposo, es decir, el pastor de mi iglesia (¡ja!), hizo él mismo todas las cabinas de sonido. Mi sueño era tener luces robotizadas pero no teníamos dinero para comprarlas, así que comenzamos prendiendo y apagando las luces desde los interruptores; después, con la ampliación de la iglesia, convencimos al pastor de comprar unos robots que ni sabíamos usar. Obviamente, tampoco teníamos un seguidor profesional para nuestras obras de teatro, así que rodeamos una luz con cartulina negra y ese fue nuestro seguidor por mucho tiempo (que después se incendió, por cierto). Pasamos de tener cámaras súper económicas a unas semiprofesionales, y ahora tenemos HD profesionales.

Nunca tuvimos apoyo económico de nadie, todo lo hemos logrado siendo fieles en lo poco, utilizando de manera creativa lo que Dios nos ha dado y optimizando los recursos.

Reutilizamos, teñimos, heredamos, reciclamos y hasta hemos aprovechado cosas de la basura. Lo hemos probado todo, hemos soñado y peleado en oración por esos sueños, y aunque trabajamos muy duro, ha sido divertido pues decidimos disfrutarlo. Finalmente, el tiempo pasa muy rápido y podemos mirar atrás para recordar la fidelidad de Dios; somos testigos de su favor, porque lo único que queremos es que su nombre sea famoso.

El éxito de la creatividad es hacer lo mismo de diferentes maneras. Yo odio la rutina, a mí me aburre y me desespera: «Siempre lo mismo», y esto nos ha obligado como equipo a tener ideas nuevas. ¡Tú también puedes hacerlo!

Creo que dentro de la creatividad entran en acción dos partes: la parte que hace Dios y la parte que tenemos que hacer nosotros. Esto quiere decir que a Dios le corresponden los milagros, hacer que el dinero rinda y proveer los recursos. Nuestra parte es ser fieles, ser agradecidos con lo que tenemos, no desmayar y seguir orando y soñando, aunque esos sueños superen nuestra capacidad o nuestro dinero. Solo veremos milagros y sueños cumplidos si somos persistentes, decididos y claros en lo que queremos.

Un día, Dante Gebel nos dijo: «Sueñen, Dios va a darles los sueños», así que seguimos soñando, y sin embargo le dije al Señor: «Yo tengo muchos sueños, pero lo que no tengo son manos que los realicen». Fue ahí cuando él nos dio el mayor milagro, lo que consideramos el segundo bien más preciado en nuestra iglesia: el primero es Dios —sin Dios no tiene sentido nada de lo que hacemos—, y el segundo es el recurso humano, las personas que nos ayudan. Respecto a esto, mi lema es *Hay un lugar para ti en la iglesia,* y eso incluye a los artistas, diseñadores, médicos, vendedores... ¡a todos! Las manos de nuestra gente han hecho realidad muchos de nuestros sueños, y por eso los honro.

Si Dios es creativo, entonces el miedo a crear, a intentar algo nuevo o a equivocarse no viene de él. Si quieres ser creativo debes vencer el miedo. Imagínate que yo ni sabía cocinar, pero un día pensé en mis nietos y me dije: «¿Qué tal si dijeran algo como "no vayamos donde mi abuelita porque ella no sabe cocinar"»? Así que estoy aprendiendo; una amiga está enseñándome y me dijo que lo primero que tenía que hacer era quitarme el miedo a la cocina. Me quemé, derramé y dañé una que otra cosa, pero no pasa nada: estoy aprendiendo.

Otro aspecto de la creatividad es que fluye mejor en un grupo, por medio de lo que conocemos como *lluvia de ideas*. Cada persona debe aportar ideas (nosotros las llamamos «ideas locas») porque todas, por absurdas que parezcan, son bienvenidas; esas ideas van abriéndonos el camino para llegar a ese lugar al que Dios quiere llevarnos. Si eres el que lidera, deja hablar a tu equipo con libertad; juntos vamos a tomar un problema y le vamos a dar muchas posibles soluciones. Por ejemplo, un día queríamos hacer una presentación de danza y necesitábamos un andamio, pero alquilarlo costaba una fortuna, entonces nos pusimos a orar hasta que uno del equipo tuvo una buena idea y lo logramos.

Para que tu equipo creativo funcione debe haber conversaciones francas, debates animados, risas, afecto y honestidad; los rodeos pueden hacernos perder mucho tiempo. En un debate algunos pierden y otros ganan, pero lo importante aquí es que gane y se beneficie la iglesia. Debemos escuchar a nuestro equipo: ellos muchas veces pueden tener la razón y ver algo que no está bien, algo que nosotros no vemos, algo que falta, que no está claro o que no tiene sentido. Un día estábamos en un taller creativo y una persona estaba siendo terca, así que me fui al baño a orar porque tenía mucha rabia con su actitud, pero Dios me dijo: «Escúchalo», y finalmente él tenía la razón.

¡Nacimos para crear! Ahora, si tú sientes que no eres tan creativo, estoy segura de que en tu iglesia hay un par de jóvenes que lo son y mucho, así que dales alas para volar y que ellos te ayuden. Durante una época no teníamos ideas innovadoras, así que hicimos un *show de talentos* y de ahí salieron montones de ideas espectaculares y súper creativas. No le tengas miedo a creer en otros: yo nunca lo hubiera logrado sola, lo hemos logrado con mi equipo de trabajo y con el equipo de voluntarios.

En mi equipo hay dos personas que creían que no eran creativos: uno pensaba que no era hábil con sus manos, y el otro era un ingeniero que había creído la mentira de que «ya todo está creado», pero muchos proyectos los han obligado a crear y se dieron cuenta de que ellos también pueden hacerlo. ¡Crea! ¡Busca ideas originales! Eres hijo de Dios, que es el mejor creativo del universo; tú puedes hacerlo. En la medida de lo posible, no clones, no copies, porque lo más importante de una idea es que esta sea original. El Espíritu Santo está en ti y él es quien puede potencializar tu don creativo, «y lo ha llenado del Espíritu de Dios, en sabiduría, en inteligencia, en ciencia y en todo arte, para proyectar diseños, para trabajar en oro, en plata y en bronce, y en la talla de piedras de engaste, y en obra de madera, para trabajar en toda labor ingeniosa» (Éxodo 35:31-33 - RVR1960).

El cielo es el límite, y si nosotros hemos podido ser creativos, tú también puedes serlo; recuerda que tenemos el mismo Papá.

Rocío Corson
Pastora principal y directora creativa de
El Lugar de Su Presencia, Bogotá, Colombia.

ALGUNAS PREGUNTAS QUE DEBES RESPONDER:

¿QUIÉN ESTÁ DETRÁS DE ESTE LIBRO?

Especialidades 625 es un equipo de pastores y siervos de distintos países, distintas denominaciones, distintos tamaños y estilos de iglesia que amamos a Cristo y a las nuevas generaciones.

e625.com

¿DE QUÉ SE TRATA E625.COM?

Nuestra pasión es ayudar a las familias y a las iglesias en Iberoamérica a encontrar buenos materiales y recursos para el discipulado de las nuevas generaciones y por eso nuestra página web sirve a padres, pastores, maestros y líderes en general los 365 días del año a través de **www.e625.com** con recursos gratis.

zona de contenido
PREMIUM

¿QUÉ ES EL SERVICIO PREMIUM?

Además de reflexiones y materiales cortos gratis, tenemos un servicio de lecciones, series, investigaciones, libros online y recursos audiovisuales para facilitar tu tarea. Tu iglesia puede acceder con una suscripción mensual a este servicio por congregación que les permite a todos los líderes de una iglesia local, descargar materiales para compartir en equipo y hacer las copias necesarias que encuentren pertinentes para las distintas actividades de la congregación o sus familias.

¿PUEDO EQUIPARME CON USTEDES?

Sería un privilegio ayudarte y con ese objetivo existen nuestros eventos y nuestras posibilidades de educación formal. Visita **www.e625.com/Eventos** para enterarte de nuestros seminarios y convocatorias e ingresa a **www.institutoE625.com** para conocer los cursos online que ofrece el Instituto E 6.25

¿QUIERES ACTUALIZACIÓN CONTINUA?

Regístrate ya mismo a los updates de **e625.com** según sea tu arena de trabajo: Niños- Preadolescentes- Adolescentes- Jóvenes.

¡APRENDAMOS JUNTOS!

🅕 🅨 🅞 🅞 /*e625*COM

Sigue en todas tus redes a:

f ✕ ◎ ▶ /e625COM

SÉ PARTE DE LA MAYOR COMUNIDAD DE EDUCADORES CRISTIANOS

¡SUSCRIBE A TU MINISTERIO PARA DESCARGAR LOS MEJORES RECURSOS PARA EL DISCIPULADO DE LAS NUEVAS GENERACIONES!

Lecciones, bosquejos, libros, revistas, videos, investigaciones y mucho más

e625.com/premium

ZONA DE CONTENIDO
PREMIUM

Suscripción de
materiales premium
para iglesias

Recursos gratis

Tienda con envíos
internacionales

Chat en
tiempo real

Revista
Líder 6.25

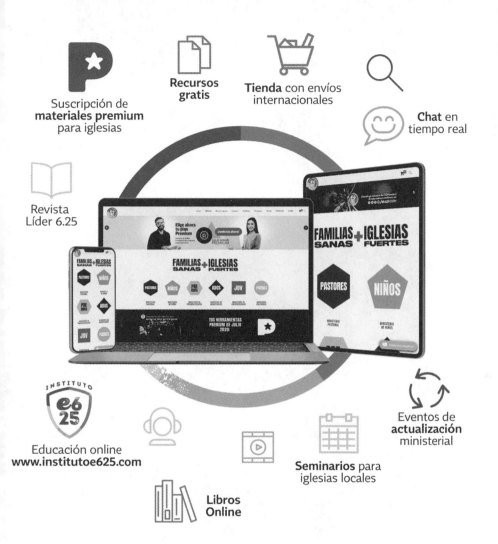

Educación online
www.institutoe625.com

Eventos de
actualización
ministerial

Seminarios para
iglesias locales

**Libros
Online**

**e625.com
TE AYUDA
TODO EL AÑO**